不幸だなんて、気のせいだよ。

～不安が安心に変わる幸せな「縄文感性」生活術～

ハッピーライフ・コンサルタント
恒吉彩矢子

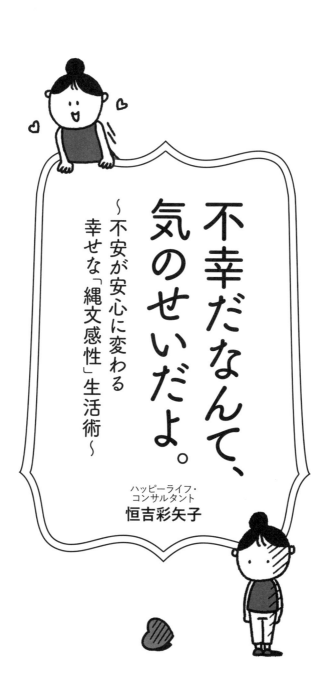

はじめに

現代の日本では、空腹なのに食べるものがないことも、屋根のないところで寝ることもまずないのに、

「何となく不幸。何となく不安」

という方がとても多いと言われています。

でも、

「今この瞬間から、幸せを感じられる」

「そして未来にも不安がない」

そうなったらどんなにいいかと思いませんか？

もちろん、日々、イヤなことや面倒なことは起こります。

コロナのような伝染病や、災害、年金の先細りの可能性もあります。

それだけでなく、体もだんだん衰えてきて、前のように動けなくなったり、記憶力も悪くなったり……。

と、不安な要素を色々思いつくと、「これから」が心配になって、ますます「幸せ」を感じられなくなってしまいますよね。

けれど、「今」も「これから」も、心豊かにいつも幸せになれる。

そんな方法があるのです。


私はもう20年以上「幸せ」について探求し、23冊の本を書き、ブログやメルマガ、講演などでお伝えしています。

そんな私でも、なかなか結婚のご縁に恵まれなかったり、思いがけなく「がん」になったりと、不安な経験をいくつもしてきました。

けれど、**「何があっても、幸せでいる」**ということはできるし、**「幸せなことがいつも起こり、幸せな今を生きる」**、そんな自分になれることも身をもって知りました。

そして、近年ものすごく感じるのは、「いにしえの日本人」、つまり**「縄文人」の感性を**

今の生活に取り入れてみると、自分の感性がどんどん豊かになって、毎日がものすごく色鮮やかになって、さらにいつも気分良くなれる！　ということなのです。

それだけではありません。感謝の思いがいつもふんわりとあるので、イライラすることや心配することが減り、さらに人に対しても優しい気持ちになれるので、人間関係も良くなりました。

しかも、直感力が冴えてきて嬉しい偶然もよく起こるし、迷うことも減り、先の見えない不安に対しても、「信頼」がいつも心にあるので、どーんと構えられるようになってきたのです。

あなたは「縄文時代」について、どれくらい知っているでしょうか？

学生時代に、日本史の授業の最初のほうで、「縄文式土器」「竪穴式住居」といった言葉を聞いた、くらいしか思い出せないかもしれません。

けれど、驚くなかれ。

縄文時代というのは、大地や自然と幸せに共存して、さらに戦争もなかったピースフルな時代で、それがなんと約1万3千年も続いていたのです！

現代はたった数百年で、自然破壊や公害、自殺が増えたストレスフルな社会になってしまいました。そして先の見えない不安が渦巻いています。

けれど、ご先祖様たちの尽力のおかげで、食べるものにも住むところにも困らず、きれいな水を飲め、安全に暮らせ、スマホもあるという、便利で文化的な生活をすることができています。


「便利だけれど、心が不幸」

それが今の時代。

だとしたらこれからの時代は、縄文の感性を取り入れることで、

「便利だし、心も豊か」

な時代にしていこうではありませんか！


では「縄文感性」とは何ぞや？

といっても、「縄文時代」というのは約1万3千年もありますし、北は北海道、南は沖

縄までと広い範囲なので、「縄文人はこういう人」とは一口にはくくれません。

学術的に見ても謎が多い時代です。

なので私のいう「縄文感性」というのは、私が縄文時代についての研究や文献などから感じ取った、個人的な考えになっているのはお許しください。

けれど、間違いないと思っているのは

◆自然（宇宙）と一体となっていた
◆右脳（感性）が発達していた

ということです。


現代人の不安は、この「一体感」を自分も感じられるようになると薄らいでいきます。

そして自分を信頼でき、心地よく明るい未来に進めるようになっていきます。

そして、右脳、つまり感性がもっと働くようになると、当たり前の日常が鮮やかに見えるようになって、幸せ度が増していきます。

アメリカの脳科学者のジル・ボルト・テイラー博士は、脳出血により左脳に障害を受け

て右脳の機能が高まったとき、

「自分の体と周囲との境界がなくなったことを感じ、周囲からエネルギーが入ってきて、涅槃に入ったような幸福感を感じた」

と言います。

脳外科医の篠浦伸禎先生も、様々な研究をもとに、著書の『脳から見た日本精神』（かざひの文庫）で、

「右脳に幸福感が入っているのは間違いないようです」

と言っていますが、「幸せ」を感じやすくするカギの一つは、「右脳」にあると言っても過言ではないのでしょう。

さらに右脳が発達すると、直感も冴えてきて、よりスムーズに、そして安心して生きられるようなっていきます。

だから私は、**これからの時代は、「縄文感性」を思い出して活かしていく人と、活かさない人とでは、幸せ度がまるで違ってしまうだろう**とまで思うのです。

この本では、私が「縄文感性」と思う、

「感じる」「愛でる」「親しむ」「楽しむ」

ということを深めて、カチカチになった頭と感性をほぐすことで、「不幸」と思っていたけれど、「実はそうではないかも？」と気づき、喜びと感謝を感じながら、毎日を思いっきり楽しく生きる自分になるための様々な方法をお伝えしていきます。

「これをやってみよう」と心が動いたことがあったら、それはきっとあなたにとって必要なアクション。

あなたの中で眠っていた縄文感性は、それによって目覚めるのを待っています。

試してみるうちに、いつの間にか自分の毎日が、もっともっと面白く味わい深くなっているのに気づき始めますよ。

そしてきっと、

「不幸だなんて、気のせいだったんだな。幸せはどんなときも、ここにあったんだ」

ということを、震えるような気持ちで分かる瞬間がやってくるでしょう。

さらに、そう思っていたら、「これから」や老後も、魅力に満ちた楽しみなものになっていくのに違いありません。

私たちは、1万3千年も平和に暮らしていた、縄文人のDNAをすでに持っています。現代に生きる私たちの中には、間違いなく、平和で愛と感謝に満ちた時代を覚えている遺伝子が息づいているのです。

あなたがこの本を手に取られたのは、きっとそれを今、取り戻したいと思っているから。ですから、その感覚を思い出しましょう。そして一体感を取り戻しましょう。

それはあなたの未来だけでなく、きっとこの地球の未来をも幸せに変えていくはずです。

あなたが縄文感性を取り戻され、心地よく軽やかに、不安ではなく幸せと喜びに満ちた日々を過ごされますよう、心より応援しております！

ハッピーライフ・コンサルタント　恒吉彩矢子

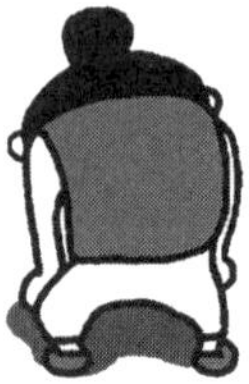

いつも幸せでいられる「縄文感性」とは？

幸せでいたいのに、不安になってしまうのはなぜ？

あなたは、「幸せ」とはどういうものだと思っていますか？

美味しいものを食べたり、楽しい動画を見たりすると「幸せ」。

でもその時間が終わったら、また頭の中に「明日にはあれをしなければ」「あの人に言われたことが」という思いが浮かんで、モヤモヤしたり不安になったりして、幸せは終わってしまう。

そんな刹那的なものと思っているかもしれません。

けれど私があなたに思い出していただきたいのは、**「幸せは刹那的なものではない」**ということ。

「いつも幸せな自分でいる」

そんなあなたに、この本を通してなっていただきたいのです。

では、なぜ幸せはすぐに不幸に変わってしまうのでしょうか。

私は、すごく簡単に言うと、**人がいつも思考を巡らせることで、「不安や怖れや思い込み」に振り回されているから**だと思っています。

そして何に対する不安や怖れかというと、ズバリ**「なくすこと」「失うこと」**です。

「お金がなくなったら」「信頼する人がいなくなったら」「失敗したら」「損をしたら」「災害で家を失ったら」……。

字を見ているだけで、それを想像して、きゅうっと胸が苦しくなる方もいるでしょう。

そう、人間のスゴいところは、未来を想像したり、過去を思い出したり、何かを予想するだけで、その感情を味わえるということです。

そのおかげで、好きな人のことを想うだけで幸せになれるのですが、逆にまだ起こっていない、自分が遭うとも限らない災害のことを想うだけでも、気持ちが沈んでしまうんですね。

それだけではありません。「泣きっ面にハチ」ということわざもあるように、**沈んだ気持ちは、心が沈む出来事を引き寄せます。**

これは、「鏡の法則」とか「引き寄せの法則」という名前でも知られていますが、

「自分が思っていることが、自分の見る現実になる」

ということでもあります。

つまり「不安や怖れやマイナスの思い込み」がいつも頭にあると、「ほら、やっぱりね！」と思うことが起こりやすくなる、ということなのです！

そしてもう一つ怖いことがあります。

それは、**今の人の多くは、自分のベースが「欠乏感」「不自由感」**だということです。

どういうことかというと、人は色々な願いをもちますよね。

「ああなったらいいのにな」「こんなことをしたいんだけどな」と。

でもそれは、「今はそうでない」「今はやっていない」「自分にはできないかも」と思っていることの裏返しの場合もあります。

つまり、「自分が思っていることが、自分の見る現実になる」という法則に基づくと、**不足感があると、不足感を思い知る現実が起こりやすくなる**、ということです。

自己啓発セミナーなどで、「年収3千万！」という願いを多くの人が叫んでいても、叶わない人のほうが多いもの。

それも、叫べば叫ぶほど、その裏にある「今はお金がない」という思いによって、「不足感のある現実」を見ているからでもあるのです。

つまり、**いわゆる「不幸」というのは、「ない」「失う」ということにフォーカスし、「ない」「失う」という現実を味わっている状態**と言えるかもしれません。

けれど……。

不足感ではなく、満たされた気持ちで日々を過ごしていたのが縄文人。

縄文人はきっと、「ない」ではなく「ある」を感じることが上手だっただろうと私は思っているのです。

過去や未来を想像したり、損得勘定したり、比較してジャッジしたりと「思考」するのは、脳の機能でいうと「左脳」。

この2千年ほどは、「左脳」が発達したために、「よりよい生活」が進歩しました。

けれど、満たされても満たされても不足感が刺激されて、怖れや不安に悩まされ続けてしまうのもまた、左脳の仕業。

けれど縄文人は「感性」が発達した右脳で生きていました。

自分が今まで、「左脳」による「思考」によって、「起こってもいないこと」への「不安や怖れや思い込み」に振り回されていたこと。

まずはこれに気づくことから、縄文感性はスタートしますよ！

「幸せ」になる考え方って？

幸せには、いくつかの種類があります。

あなたは、「幸せ」というのは、「何かをプレゼントされた！」「願いが叶った！」という、**「スペシャルなことが起こったこと」**と思っていませんか？

でもそうすると、幸せなことって、たまにしかありませんよね。

また幸せを、「うまくいった！」「合格した！」という、**「何かを達成したこと」**と思っているかもしれません。

でもそうすると、うまくいかなければ悲しいし、達成するまでの間は、ずっと苦しいままのこともあります。

あるいは幸せを、「人から好かれた」「ほめてもらえた」という、**「人から評価されること」**と思っているかもしれません。

けれど、「他人」というのは、そうそう自分の思い通りになってくれないので、そうならないことも多いもの。

心理学者のアドラーは、**「人生の悩みはすべて人間関係」**と言いましたが、自分の幸せを人に預けてしまうと、なかなか幸せになれないのです。

もちろん、スペシャルなことが起きるのも、何かを達成することも、人から評価されることも、すごく嬉しいことだし、幸せです。私もそうなったらもちろん嬉しいです。

ただ、**幸せというのを「なる」ことだと思っていると、「何かが起こらないと幸せになれない」**ということになりますよね。

つまり「外側」で何かが起きることに頼らなければいけません。

けれど、「何かが起こること」を待って、「たまの幸せ」を味わおうとするよりも、**幸せというのは、「なる」ものではなく、「ある」ものと思って、「自分の『内側』をいつも幸せな状態である」ようにしているほうが楽しい。**

幸せを外側に求めて、たまにしか幸せでないよりも、自分で自分をいつも幸せであるようにしているほうがずっといい。

それが、20年以上、「幸せ」について考え続けてきた私の結論なのです。

では、自分がいつも幸せで「ある」のはどういう状態かというと……。

私はそれを、**「ホッとリラックスして、安心して満たされている状態」**だと思っているのです。

身の危険や、イヤなことが起こる心配がなくて、安らげて、癒されて、満ち足りて、ほんのり笑みが浮かんで、自然と前向きで明るい気持ちになっていること。

イメージしただけで、なんだかシアワセを感じませんか？（笑）

「幸せになるには？」ということを調べると、多くが「願望達成の方法」について教えています。

願いが叶うのはもちろん嬉しいです。けれど、先ほども書いたように、「願う」というのは、「不足感」がベースにあります。

だから、「ああなったらいいな、こうなったらいいな。でも……」と思い続けていると、やっぱり「うまくいか『ない』」という現実を見ることも多いのです。

では、「幸せである」という現実を見るにはどうしたらいいかというと、ズバリ**「不足感」をひっくり返すこと。**

つまり**「自分は、満たされている」というのをベースにすること！**　なのです。

「こうなったらいいな。でも……」と思っているよりも、いつも自分を「ホッとリラックスして、安心して満たされている状態」にして、自分の雰囲気――発するエネルギーや波長、波動と呼べるもの――を、良い状態にしているほうが、心地いいですよね。

さらに**「自分はこんなに、満たされているんだから、もっとこうなってもいいよね、こうなるのが当然だよね」**と思っているほうが、願いも叶いやすいのです！

エネルギーや波動と言っても、スピリチュアルな話ではないんですよ。

眉間にシワを寄せていつもイライラして余裕がない人と、ニコニコして周りに気遣う余裕がある人と、どちらのそばに行きたいか、どちらを応援したいかといったら、やっぱり余裕がある人でしょう。

そう。

余裕があって幸せな人のほうが、人からも、運のような「見えない力」からも応援されるのです。

だから自分を、ホッとリラックスして、安心して満たされている状態にするための、「物事の見方」や、「人間関係やトラブルの対処法」を心得ておけば、いつも幸せで、前向きなエネルギーで自分を満たすことができます。

さらにそうしていくと、良いことや思い通りのことがどんどん起こるようになっていきます。

なので私は、**今も未来も心地よくいられる「幸せの種類」というのは、「ホッとリラックスして、安心して満たされていること」**だと思っているのです！

自分をいつも幸せにする物事の見方とは？

では「自分をいつも幸せにする物事の見方」というのはどういうものかというと、

「ない」をベースにしているところから、「ある」をベースにすることです。

私は、幸せの形は色々あるけれど、不幸の形は一つだと思っています。

それは**「欠乏感」**。

お金が「ない」のも、人から好かれ「ない」のも、仕事がうまくいか「ない」のも、面白いことが「ない」のもみんな不幸ですが、それは「欠乏感」があるからですよね？

もちろん、お金が「ある」ことで不幸だという人もいますが、それはお金を当てにする人が来たり、失う怖れがあったりして安らぎが得られ「ない」からで、やっぱり「ない」があるのです。

私は『仕事と人生が１００倍うまくいく「喜び」と「怖れ」の法則』（きこ書房）という本で、

◆「ある・得る」と気づくと、人は喜びを感じていい気分になる
◆「ない・失う」と気づくと、人は怖れを感じてイヤな気分になる

という**『「喜び」と「怖れ」の法則』**というのをご紹介しました。

不幸は、「ない・失う」という欠乏感によって引き起こされます。

ただ、欠乏感は文化や科学が発達するためには、すごく大切なのです。

欠乏感があるからこそ、「もっと多く」「もっと便利に」と思い、食料を増やしたり、使い勝手が良いものを発明したりするようになります。

ないからこそ、「欲しい」と努力する原動力になったりもしますよね。

でも、衣食住が足りても、まだまだ「足りない」「失うのが怖い」をいう不安や怖れにとらわれてしまっているのも事実です。

だからその『ない』の呪縛」から離れるために、まずは**自分の「ある・得る」に気づくこと**をやってみましょう。

例えばこんな感じです。

目が覚めたとき、「あいたた、腰が痛い。体が万全じゃ『ない』！」と思うと、起きた瞬間からイヤな気分になりますよね。

なので「ない」ことでなく、「ある」を見つけてみるのです。

「あいたた、腰が痛い。でも、起きられるし、歩けるし、朝ごはんも美味しい！」

こんな感じで、**「快適で『ない』」ことがあるけれど、「できることも『ある』、受け取れているものも『ある』！」**と気づくと、同じ「腰が痛い朝」でも、イヤな気分がマイルドになって、イヤな気分を明るい方向に少しでもシフトさせていくことができるのです！

今の時代は、消毒された水を飲めるのが「当たり前」、お金を出せば、コンビニで食べ物が手に入るのが「当たり前」、屋根があって、空調があるところに住めるのが「当たり前」。

こんな感じで、すでに満たされているから、「ない」ことのほうばかり気になってしまいます。でも、しばらく前の日本でも、今現在でも別の国では、それは当たり前ではないのですよね。それに、突発的に不自由なことが起きることもあります。

私は、数年前にがんの手術をして、その後遺症でしばらく足がマヒして歩けなくなったことがありました。

足も筋肉もちゃんとあるのに、ただ神経の通りが悪いというだけで、動かない。

歩こうと踏み出すと、力が入らないので、ぐにゃりと倒れてしまうのです。

そのとき、「歩ける」ということが、全然「当たり前」なことではなくて、神経と筋肉とのとても繊細なバランスの上に成り立っているもので、それはいとも簡単に失われてしまう、とてももろいものなのだと痛感しました。

なので、今まで「当たり前」「当然」と思っていたことは、**「どんな些細なことであっても、さまざまな出来事が絶妙なタイミングで組み合わされて起こっている『大きな奇跡』なんだ！」**と、電撃が走るような思いだったのです。

『当たり前』は『ありがたい』

そう思うようにしてみるだけでも、自分はすでに「ありがたいこと」で満たされていると気づくかもしれませんね。

それだけではないのです。

スマホばかりに気を取られていると、鼻に香る匂いや窓の外で聞こえる鳥のさえずりなど、耳に入ってこないかもしれません。

けれど、**「五感を丁寧に感じる」**ということをするだけでも、この世界はすごく豊かで、自分の体がものすごい「受信機」だと気づくようになるでしょう。

そして、「当たり前なことなんてないんだ」と思ったら、今この瞬間を生きていることが、ただそれだけで、どれだけの奇跡に包まれ、たくさんの「ある」が降り注いで、幸せに満たされているかに震えるような気持ちになるでしょう。

そして、自分にあふれるような豊かさをもたらしてくれる「見えない存在」に、感謝の気持ちを感じずにはいられなくなるかもしれません。

「自分がすでにたくさんのものを受け取っている」ということを知り、

「心から感謝」をし、

自分の心と体を思いっきり感じ、使って、生きていた。

だから、いつも幸せを感じ、人とも自然とも宇宙とも調和していた――。

それが、縄文時代の人ではないかと私は思っています。

その縄文人の感性には、今の私たちの「幸せ感性」を高めるヒントがたくさんあります。

ぜひ縄文の心に近づき、それを自分のものにしていきましょう！

縄文時代ってどんな時代？

では、縄文時代がどんな時代だったかというと……。

今から約1万5000年前から約2300年前まで続いた時代で、それまで石器を使って獲物を追って暮らしていたのから、竪穴式住居を作って定住し、ムラを作って協力して、周りの野や森で作物を採ったり栽培したり、獣を狩ったり、海で貝や魚を採ったりして生活していた時代のことです。

野蛮なんじゃないか？　と思うかもしれませんが、これが大違い。

日本の弥生時代から現代に至るまでの約2000年の間、たくさんの大きな戦い・戦争がありましたよね。

けれど、その6倍以上の長さの1万3000年続いた縄文時代には、人を殺傷する武器も、戦争に使われたと思われるものも発掘されていません。

それどころか、小児まひで、おそらく四肢が動かなかったと思われる人も成人するまで生きていて埋葬されています。（上野の国立科学博物館で、その人の骨のレプリカを見ることができます）

ムラには祭祀を行う人、リーダーとなる人はいても、その人たちが贅沢をしていたわけではなく、「支配」や「使役」もありませんでした。ローマ帝国などは、奴隷を使役することで発展を遂げましたが、縄文時代には階級制度はなかったのです。

もちろん人間ですから、小競り合いも争いごともあったでしょう。

けれど縄文時代というのは、現代よりもずっと穏やかにつながり、皆で力を合わせて暮らしていた、**「平和で人に優しい時代」**だったようなのです。

そして、**「自然と上手に共存していた時代」**でもありました。

自分たちが生きるための食べ物も、着るものも、住むところもすべて与えてくれるのは「自然」。

だからこそ、住む場所を作るために森を切り開いたとしても、食べられる草を採りすぎないし、家を建てるのに使う木も伐りすぎないし、もちろん生き物も狩りすぎたりしません。食べられる実をつけ、建材にもなる栗の木は育てていました。

そうやって、次世代も使えるように自然とともに生きていたのです。

「商売するものをたくさん作るために、財産を増やすために、どんどん開墾してしまおう！」とはしないのが縄文人なのです！

ちなみに縄文人は、栗やクルミやドングリといった木の実、ヒエやアワや陸稲といった穀類、ヤマモモや山ぶどうなどの果物、３５０種類以上の貝、70種類以上の魚、鳥やイノシシやシカなどの獣などを四季折々に食べていたのが分かっています。

なかなかのグルメだったようですよ。

さらに**「クリエイティブなエネルギーにあふれていた時代」**ともいえるでしょう。

宇宙人のような遮光器土偶。芸術が爆発している火焔型土器。信じられないくらい薄く小さく砥がれた石の刃物……。

土器や土偶を作るには、土を探してこねて寝かせてと、たくさんの工程があります。石を砥ぐのは、ものすごく長い時間と根気が必要です。そしてそれらは特別な人が作っていたわけではなく、誰もがやっていたようなのです。

しかも火焔型土器のような芸術性あふれる土器は、飾るための高貴な人への捧げものとして作られたのかと思いませんか？

でもそうじゃないんです。煮炊きに使われていたんですよ！

服装も、草から糸を取り出して編んで作った布で服を縫い、いろいろな細工の耳輪をしてと、オシャレも楽しんでいたようです。

素敵な土器で料理をして、体を飾って。誰もが芸術家で、そのクリエイティブなエネルギーでもって、きっと歌や踊りも楽しんでいたのでしょう。

自然とも人とも仲が良く、そしてエネルギーに満ちて生きていたのが、縄文時代だったのです！

縄文人は何を考えていたの？

縄文時代の人が何を考えていたのかは、遺物や遺跡から推測することしかできません。

けれど、そこからでも見えてくるものがあります。

まずは、当たり前のように**「自然を敬い、感謝していた」**ということ。

生きるために必要なすべてをくれるのは、太陽、大地、海、山、川、森。そこから受けとれる植物と動物です。それなしでは、住むところも着るものも食べるものも得られません。

今も「おてんとうさまに感謝」という言葉がありますが、おてんとうさま……太陽や天地をつかさどる超自然の力を畏れ、敬う気持ちを、きっと日本人は、1万年、いやもっと太古の昔から持ち続けていたのでしょうね！

次に**「調和」**です。

生きていくためには、力を合わせて木を伐って家を建て、狩りをし、作物を育て、ともに生きていかなくてはなりません。

そしてムラ同士で多少の争いはあれど、戦争といえるものはなかったのですから、人々は仲良く暮らしていたのでしょう。

そして刃物の材料となる黒曜石や、勾玉の素材となるヒスイの流通経路を見ると、ほかの地域との交流が、とても広範囲に、しかも「商売なし」に成立していたことが分かっています。それも調和していたからこそでしょう。

もちろん自然とも調和していないと、自然の恩恵を受けられませんよね。


そして**「循環」**です。

次世代も自然の恵みを受けられるように採りすぎなかったり、植えたりと、一方的に採るのではなく、再生し、生まれ変わるようにしていたのが縄文人。

それだけではありません。以前はゴミ捨て場と思われていた貝塚には、貝だけでなく、使い終わった道具や、人も埋葬されていました。

これは、貝塚が「再生を祈る場」であって、**「死者の魂が再び生まれ変わる」**と信じていたからだと今は考えられているそうです。

そうやって、自然の中で生きていた縄文人は、**「感じる力」**がとてつもなく鋭敏だったと思うのです。

風の匂いで、雨が降るかどうか、獣が近いかを察し。石器を磨くのでも、どこに力を入れるとうまくいき、ここだと割れてしまうかを察し。

だから「風や石と対話できていた」ともいえるかもしれませんね。

それは、「右脳」がすごく発達していたからでしょう。

またもう一つ、今の感覚とは違っているものがありました。

それは、**「私」と「公」の区別の感覚がない**ということです。

今は、「自分のもの」と「あなたのもの」の区別がハッキリしています。

自分の家の庭の柿の実を、知らない人が取ったら、「うちのなのに！」と思うでしょう。

それは、「所有」という意識があるからです。

けれど縄文人は、家を作る木も、実った栗の実も、狩ったイノシシもすべて「自然」から受け取ったものなので、「自分のもの」とは思わなかったようです。

だから自分が持っているものを快く人にあげるのは当たり前。自分のところにある土器や石器なども、共有するのが当たり前。

ムラとムラ、人と人との居住地にも境界線がありませんでした。

「自分のもの」は「みんなのもの」。

「所有」でなく、「共有」。

だから、誰かがたくさん持つことがないので、今のように「自分より持っている人がうらやましい」という感覚もあまりなかったのでしょう。

所有の意識があると、「自分のもの」にする喜びや嬉しさはありますが、手に入らない悲しさや失う怖さ、持っている人への妬みも出てきます。

所有するからこそ「ない」という怖れを刺激されます。

けれど縄文人は、所有しません。

だから、「自分だけうまくやろう」とはあまり思わなかったのではないでしょうか。

そのことから、**縄文人は、人と人との「つながり」感が強く、ギブアンドテイクではない安心感や信頼に満たされていた**のではないかと思うのです。


以上のことから見えてくるのが、縄文感性の根底にあるのが、**「一体感」**です。

自分が生きるすべてをくれるのは、「自然」という「見えない大いなる力」。

それは「カミ」という言葉で表せると思います。

「見えない大いなる力（カミ）」によって自分たちは生まれ、生かされている。

それは「大いなるもの」対「ちっぽけな自分」という構図ではなくて、自分も、おてんとうさまも、食べた栗の実も、ウサギも、一緒に食べている人も、「皆つながっている」。

そして、栗やウサギは、それを食べることによって「自分」として生き、自分も死んだら大地に還って、また生まれ変わってくる。

肌感覚として、**「世にあるものはすべて、『見えない大いなる力（カミ）』の一部が形を変えたもの。だから自分は、人ともすべてのものとも『大いなる力』とつながっている」**

と感じていたのではないかと思うのです。

これは、西洋的な「自然は支配するもの」「絶対神と卑小な人」という考えとは対極です。

「自分」がほかの人や生き物とつながっているなら、傷つけたり、痛めつけたりしようとは思わないでしょう。

そして、食べるための草木や動物をとりすぎないことは、「自分を大切にすること」。「目に見えないもの」への敬いは、「自分自身を敬うこと」。

それがおのずと分かっていたのだと思うのです。

「自分とすべてがつながっている」というのは、仏教では「一如」、スピリチュアルでは「ワンネス」といった言葉でも表現されていますが、縄文人はそれを肌で感じ取っていたのではないでしょうか。

もちろん、良いことばかりではなく、当時は頑丈な家や病気を治す強い薬もないので、死と隣り合わせでした。

出産での死、乳幼児の死、狩りのときの獣による死も多くあったはずで、自然の脅威や命のはかなさを怖れる気持ちは今とは比べ物にならなかったでしょう。

けれど縄文時代の、伸び伸びと作られた遺物を見ると、彼らが「死ぬことや失うことを怖がって、委縮して暮らしていた」とは思えないのです。

朝、目が覚める喜び。踏みしめている大地の感触。体に当たる日の光のチリチリするような感覚。緑の香る空気を胸いっぱいに吸い込んだときの爽快感を思いっきり感じること。また、人に対しても「今、ここに一緒にいられる喜び」を大切にすること……。

いつ死ぬか分からないからこそ、死を怖れるからこそ、

「自分が今この瞬間にできる精いっぱいを発揮する」。

すべてはつながり巡りゆくから、「ない」ではなく「ある」を感じ、互いに調和しながら楽しく精力的に生きる……。

そういう人々だったのではないかと私は思っています。

失う怖れに支配されて不安に生きる代わりに、世の中には怖いことも大変なこともある

けれど、自分と世界は生きている間も死んだ後も、切り離されることなくつながっているから、安心と喜びの中で、生き生きと自分を生きる。

私たちもこういった縄文人の感性を高めて、毎日に生かしていこうではありませんか！

「縄文感性」って？

では、私が考えている「縄文感性」とは何かというと、ざっと、

- ◆自然を感じる
- ◆感謝の気持ちがいつもある
- ◆つながりを感じ、調和と循環を心がける
- ◆五感をじっくり味わう
- ◆思いをたっぷり込める
- ◆自分の個性を爆発させる

ということだと私は考えています。
これでもまだまだ挙げ足りませんが、すでに多いですよね？（笑）
ですので、大きく4つにまとめてみることにしました。

その1「感じる」
その2「愛でる」
その3「親しむ」
その4「楽しむ」

これならできそうではないですか？（笑）
そして、これらの感性が高まっていくと、

◇感謝と、つながりや一体感をいつも感じられて安心の中にいられる

◇同じ毎日がすごく楽しくなる
◇ストレスが減る
◇生きるのが楽しみになる
◇直感力がどんどん高まる
◇どんなことがあっても、いつも幸せな自分でいられる……

という、ものすごいメリットがあるんですよ。

左脳を全開にして、「次にやること」や「人のこと」で頭をいっぱいにする代わりに、空を眺めて、その青色の美しさや、雲の形の面白さを感じてみると、心が少しおだやかになるでしょう。

スマホを見ながらクリームパンをかじる代わりに、目を閉じて感覚に集中して、ふかふかのパンの舌触りや、なめらかなクリームの卵やミルクの香りを感じながら食べたら、同じ「食べること」でも何倍も美味しさを感じられるでしょう。

簡単に事を済ます代わりに、じっくり向き合ってみたら、失敗すればするほど、うまくいったときの達成感はたとえようもないでしょう。
そして、ふとしたときに「ああ、つながっているんだな」「ああ、ありがたいな」「ああ、満たされているな」「安心だな」「だから、もっとやってみようかな」……と思う時間がどんどん増えていくことでしょう。

何よりも、**「感じる」「愛でる」「親しむ」「楽しむ」**ということをしていくと、**「ない」と思っていたのが、「たくさんある」「受け取っている」と実感できるようになるはずです。**

すると、「満たされた気持ち」や「怖れでなく喜び」の時間がどんどん増えるので、その結果、**「満たされた、喜びの現実を見る」**ようになるんですよ！

そんなまさか、と思うかもしれませんが、クリームパンだって食べ方一つで味わいが変わるように、「外で何か」が起こらなくても、「自分で感じる」だけで、「心豊かにいつも幸せ」になることはできます。

自分の気持ち一つで、「不幸」と思っていたことを、「そうでもないかな」と思い変えることもできるのです。

「不幸だと思っていたけど、こういうこともある。なんだ、けっこう幸せなんじゃないか！」と思えるようになると、ストレス物質が出る回数がググっと減ります。

感じることで自分の体とのつながりも深くなるので、細胞がはしゃいで元気になります。

だから、自分の「やりたい」を楽しくすることができます。

それだけではなく、「見えない大いなる力」からのメッセージを受け取りやすくなって、人生がもっともっと面白くなっていく……というオマケだってあるんですよ。

そんなふうにして、縄文感性を高めていくほど、何気ない毎日がなんとも面白く楽しくなり、そして元気に、「生きている！」という感覚になれるのです！

第2章 感性を目覚めさせる右脳活性法

左脳と右脳の働きの違いに気づこう

縄文感性を育てるには、まずウォーミングアップから始めましょう。

たくさんの文字が書かれたホワイトボードの上に何かを書こうとしても、何が何だか分からなくなってしまいますよね。

だから、ただでさえ左脳偏重な現代人の脳ですから、縄文脳である右脳を活性化させるには、まず左脳を静かにさせることが大切です。

左脳と右脳の物事のとらえ方の違いをざっくりと説明すると、こんな感じになります。

【左脳】——【右脳（縄文脳）】
思考——体感
私——みんな
分離——つながり
過去、未来——今ここ
比較・区別・ジャッジ——認める・受け入れる
怖れ・不安——喜び・安心
所有——共有
思索——感じる・直感
自分がやらなければ——ゆだねる
もっと欲しい——すでに満たされている

かなり違いますよね！
過去のことを後悔して、未来のことを心配して、自分の貯金の残額を見てアレコレと思い悩み、ＳＮＳで誰かがおしゃれな服を着ていたら、うらやましくなってしまう……。

これはもう、バリバリの左脳派さんです！（笑）

さらに、ゆるゆると「何とかなるでしょ～」と言っている人を見ると、「脳内お花畑！」とジャッジしたくなっていたら、さらに左脳を元気いっぱいに動かしています（笑）。

でもしょうがないんです。ここ２千年ほどは、左脳を活性化させることで、いろいろなものを生み出す期間だったので、まだその習慣が骨の髄まで染み込んでいますから。

けれど日本人のＤＮＡの約２割は、縄文由来だと言われています。スイッチを入れることで、喜びと安心に包まれて満たされている縄文脳を思い出せるんですよ。

思考を軽くして感性を高める5つのステップ

頭の中には絶えず思考がぐるぐる巡っています。そして隙間時間があると、ついスマホを見てしまい、たくさんの情報を頭に流れ込ませて、また思考し始めます。

そうしていたら、思考のバリヤーが強固なので、せっかくのひらめきや直感が浮かんでも入って来られないんですね。

思考は左脳。そして体感（五感）は右脳です。

思考は過去や未来、他人のことなどに行き来しますが、体感は「今ここ」、この瞬間です。

「今ここ」の感覚を取り戻すため、5つのステップのウォーミングアップをしてみましょう。

Step1．思考を止める

頭が「今日の夕飯は」とか考え始めたら、「思考し始めたな」と気づいて、**「ストップ！」**。

頭の中を静かにします。

過去や未来や人のこと、そして「言葉」を考え始めたら、それは左脳を使っています。

過去の嫌なことを思い出して、「あのときは何で……」と「言葉」が巡ったら、「おっと、思考が巡り始めたぞ」と気がつきましょう。

まずは日々、どれだけ思考していたか、それによって左脳ばかりを元気にさせ、右脳を眠らせていたのかに気づくことからスタートです。

左脳や右脳についてもっと詳しく知りたい方は、ぜひ脳と意識を追求している「三脳バランス研究所」のネドじゅんさんのサイトをご覧くださいね。

Step2．五感に意識を向ける

とはいえ、「ストップ！」と思ってもまた何か浮かぶし、「考えないようにしなきゃ！」と言葉が浮かんだら、それも左脳なんですよね。

思考や言葉の代わりに「感じること」をしていきましょう。

ブルース・リーの有名な言葉で「Don't think, feel!（考えるな、感じろ！）」というのがありますが、「言葉で考える」ことから、**「言葉を使わず感じる」**ことを少しずつ続けていくことが、右脳の縄文脳を活性化させ、今まで分からなかった感覚につながる大きな助けになります。

まずは、思考がまた始まったら、**「五感」**、**つまり「体感」のほうに意識を向けましょう。**

例えば、部屋の壁を見る。空調を感じてみる。

そのときは、「あ、壁の色が白いな」とか「空調が心地いいな」とかいう言葉が浮かんでもいいです。これらも言葉ですが、「今ここで感じたことの感想」なので、過去や未来や人のことや不安や不満をアレコレ考えている、「左脳的な思考」とは違いますから。

「体感」というのは、「今ここ」です。

なので、パンパンと二の腕を叩いて、その感触に意識を向けたり、足を動かしてその感覚を味わったりすることでも、思考が止まるのに気づくことができるでしょう。

コーヒーブレイクをとり、コーヒーの良い香りをかぎ、ほろ苦さを味わい、温かな液体が胃袋に滑り落ちるのを感じることも、「思考」から、「今ここの体感」に移行できます。

ぜひそのときは、「あ、そうそう、そういえば……」と思考に向かわず、味や香りに全集中してください！

Ｓｔｅｐ３．感じることに集中する

だんだん慣れてきたら、思考せず、感想も言葉にせず、「自分と周りをただ感じる」ということをしてみましょう。

今の時代だと、ちょっと手が空くと、スマホに手が伸びる人も多いもの。

けれど、情報を追うと思考するので、「感じる力」は弱ってしまうんですね。

ですから、スマホや刺激的な娯楽をちょっと遠ざけて、その代わりに「感じること」に集中してみましょう。


外にいたら、思考せず、空を見てみましょう。すると、空の色が同じ空でも場所によって違ったり、雲がハッとするくらい素敵な形をしていたりします。

空を見るだけでも心が動くことを感じてみてください。

また、頭に言葉を浮かべず目をつぶって、体に意識を向けてみると、手が温かいこと、お腹が満たされていること、空調の利いた部屋にいる「心地よさ」。

それに気がつけたりもするでしょう。

私たちは、ついつい気になることや先々の心配を考えてしまうものです。

イヤなことをする人がいたらなおさらです。

でも、その人は、「今」目の前にいるわけではありません。なのにワザワザ思い出してストレスを感じていたら、自分で自分を傷つけているのと一緒。

その代わりに、今このときに集中してみると、「今この瞬間に、怖いものが襲いかかっているわけではない」「お腹はいっぱいだし、体というのはけっこういつも幸せなのかも」と気づくことができるでしょう。

「何も考えずに感じること」をしていると、「何がなくてもけっこう楽しい」「安心感がある」「リラックスできる」という時間が増えていきますよ。

Step4．自然や体とやり取りしてみる

「考えないこと」に慣れてきたら、自然や体とコミュニケーションをとるチャレンジをしてみましょう。

花を見たら「きれいねぇ」と声をかけたり、何か食べようかなと思ったら、お腹をさすって、「本当に食べたい？」と訊いてみたり。

すると、ちゃんと返事を返してくれるのが分かるんですよ。

ただしそれは「言葉」ではありません。

よく「木と会話」とか「自然と対話」とか聞くので、私も「言葉で返ってくる」と思っ

ていて、「私は聞こえない。対話できない！」とずっと決めつけていました。

けれど、「言葉」というのは自分の左脳から出てくるものなんですよね。

自然や体は「なんとなく、こう」という「感じ」で伝えてくるのです。

それがハッキリと分かったのは、我が家に20年以上いるベンジャミンの木からでした。

「いつもありがとうね」と声をかけた後、初めて、返事を「言葉」ではなく、「感じ」でとらえようとしたら……。

なんだか、「ふわぁ」としか言いようのない感覚がやってきたのです。

安心感のある、優しい感覚。

それを言葉に翻訳したら、「いつも見守っているよ」とでもなるでしょうか。

ベンジャミンが、こんなにも長い間、こうして自分のことを温かく見守ってくれていたのか！　と気づいたら、思わず涙がじわっとにじんだのをよく覚えています。

「答えは言葉でなく、感覚からなんだな」と思うようになってから、「なんて言っているかな」ではなく**「どんな感じがするかな」**で答えを聞くようになりました。

すると、神社に行くと、ふわっと包み込まれるような感じがあったり、お社の後ろに伸びている道がやけにくっきりと見えて、「先に進め」ということかなと進んでみると、素晴らしい眺めを見ることができたり、なんていうこともありました。

また、スーパーに行ったときに、「スイーツでも買おうかな」と思っても、いざ品物を前にしてみると胃がムカッとして、「食べたいのは頭だけで、胃はお疲れさまなのか」と体の声に気づけるようにもなりました。

まずは、それが「本当の返事かどうか」は、気にしなくてかまいません。

自然や体に声をかけてみること。
返事を「感じよう」としてみること。

それで「なんとなくこんな感じ」というのを、感じ取り続けてみましょう。

「木がこんなことを言っているのかも」とか「ああ、この場所に歓迎されている気がする！」とか、たとえそれが妄想だとしても、そう思ってみるだけでも楽しいじゃないですか！（笑）

そして、そうしているうちに、どんどん鋭敏になっていくんですよ。

縄文人は、きっと食べ頃の実が「食べて！」とアピールするのを感じ取ったと思うのです。それと同じように、道を歩いていると、見頃の花が「見て見て！」とアピールするのに気づけるようにもなるでしょう。

そもそも、「言葉で表現できないこと」のほうが多いのです。

それをどんどん「感じ取る」練習をしてみましょう！

Step5. 直感を受け取る

「感じる」というのは、「今ここ」のことですから、感じることに意識を向ければ向けるほど、思考が静かになってきます。

すると、直感（インスピレーション）を受け取りやすくなってくるんですよ。

「なんとなくこっちの道を使ったほうがいい」という感覚に従ったら危険を回避できたとか、「画期的な発明が降りてきた」とかいう話もありますよね。

この直感は、縄文人が「カミ」と思っていた、自分とつながって、世界を、宇宙を統べている「見えない大いなる力」からやってくると私は思っています。

ただ、思考で頭をいっぱいにしていると、それがバリヤーとなって跳ね返してしまいます。けれど思考が静かだと、ひらめくように「あれだ！」とか、「なんとなくこうしたほうが」というメッセージを受け取りやすくなるのです。

直感は、お風呂やトイレやシャワーのときや、寝起きのボーッとしているときに受け取りやすいと言われていますが、それもお風呂やシャワーのときはお湯が当たる体感に集中しているし、寝起きは頭がまだよく働いていないからなのでしょう。

私も寝起きに、ひらめくように別のバッグに入れ忘れていたものの映像が見えて、助かったことがあります。

もう一つおススメなのが、迷っていることがあるとき、自分の内側に問いかけること。「見えない大いなる力」は、右脳や体を通じてメッセージを送ってくると私は考えています。

なので、自分の胸のあたりに「大人の遠足のイベントをやろうと思うんだけれど、この日とこの日、どっちがいい？」と問いかけます。

すると、「なんとなくこっち」というのが、お腹の底のほうから浮かぶ感じがするのです。

それで決めてみると、ちょうどその日だけお天気が良く、やっぱりこの日にしてよかった！　ということばかりなんですね。

たまに悪い天気のこともあるのですが、「それだからこそ」のことや、「その日にしかなかったこと」を経験できたりするので、本当に驚きです。

「さすが、『見えない大いなる力』は、未来も天気も思いのままだ！」と感心しきりです。

ただ、答えは、すぐに返ってこないこともありますし、自分の内側から「なんとなく、こう」と浮かぶだけではなく、見ていたテレビやスマホの情報でポッと出てくることもありますよ。

また、「なんとなく浮かんだ直感」に従ったのに、うまくいかないことも起こります。

例えば、行こうかどうしようか迷ったイベントに行かなかったら、すごく会いたい人が来ていたので、行けばよかったのに、とか。

けれどそれは、「行きたい！」という気持ちが最初にわいたのに、「でも会費が」という怖れの思考が出て、やめたせいかもしれません。

「最初の気持ち」は大事ですよ。

また、後悔することで、「次はこうする！」という意思を強めるためだったのかもしれません。

それに「うまくいかなかった」と思っていても、長い目で見ると、その経験が役に立って、「やっぱり良かったんだ」と分かることもあるのです。

うまくいってもいかなくても、「なんとなくこうしたほうがいい」「気になる」ということは実行する！　というのを続けてみましょう。

そうやって直感の実践を続けるほど、感覚が分かってきます。

そうやって「見えない大いなる力」と仲良くなっていくと、**「世間ではこう言われているけれど、自分はこうするといい」**というのが、分かるようになったりもするんですよ。

「見えない大いなる力」は、私たちが生きるすべてを与え、動かしてくれています。

だから、本質はいわば**「愛」「慈愛」「寛容」「大丈夫」「大安心」**といったもの。

なので、自分を幸せな方向に導いてくれます。

縄文人は、丈夫な家もなく、獣や天災に襲われることも多かったからこそ、自然を畏れながらも敬い、感覚を研ぎ澄まして、幸せに生きる努力をしていたはずです。

不安や怖れは、自分の左脳が作り出したもの。

怖れにとらわれている自分を解放するためにも、**「感じて、つながって、いつも幸せ」**。

その感覚を取り戻していきましょう。

きっと気がつくと、「不幸だなんて、気のせいだ」と思えるようになっていきますよ。

では、さらに具体的に、「感じる」「愛でる」「親しむ」「楽しむ」の「縄文感性」を育てていきましょう！

育てましょう！　縄文感性！

「縄文感性」が目覚めるとどうなる？

今まで左脳ばかり使った生活をしていたので、「感じる」ということはなかなかできず、難しく感じるかもしれません。

けれど、ぜひ「思考を静かにする」「感じようとしてみる」ということを、楽しみながらチャレンジしていただきたいのです。

なぜなら、そうしていると今まで「当たり前」と思っていて感じ取れなかった、様々なことに気づくことができるから。

そして気づけば気づくほど、「今までと同じ」で、「何もスペシャルなことが起こらない」のにもかかわらず、「エッ、こんなに自分は豊かなものに囲まれていたのか！」「こんなにスゴイものを自分は生まれながらにして標準装備していたのか！」と驚くようになるんですよ。

私は、「悩みごと」や「不幸」が深くなってしまうのは、

◆現状否定しているから

だと思っています。

「うまくいかない」という「ない」を見つめ、「こうだったら」という「そうでは『ない』」ことを見つめ、現状を肯定できない。自分を肯定できない。

だから不満があるし、悩むし、幸せにもなれません。

けれど、縄文感性を育てて、**「感じる」「愛でる」「親しむ」「楽しむ」**ということが得意になっていくと、「こんなこともできる」「こんなこともある」とたくさんの「ある」に気づくことができるので、「ない」が弱まって、不満や不幸が減っていくのです。

するも自分も現状も「いいじゃないか」と肯定できるようになってきて、悩みで思考を

いっぱいにしなくてもよくなっていくんですね。

つまり、「縄文感性」が目覚めれば目覚めるほど、毎日に喜びも増えるし、不安や悩みごとも軽やかになっていく、ということ。

そしてその心の余裕が、不幸を不幸と思わないようにさせていき、もっと伸び伸びと生きられるようになるという、良いことずくめなんです。

ですから、レッツ！　育てましょう「縄文感性」！

「感じる」を極める

○「五感」を丁寧に感じる

縄文感性の最初は、「感じる」です。

とくに「五感を丁寧に感じること」から始めましょう。

私たちは、今この瞬間でさえ、目は目の前の文字だけでなく、視線の端には様々なものを映していて、体はよくよく意識を向ければ下着や服に触れている感触があり、耳には何らかの音が聞こえていて……と五感で感じているんです。

けれど、たいていは、それらをすべてカットしているんですね。

ですが、その一つ一つを丁寧に感じてみると、それぞれがものすごく味わい深くて感動的ですらあって、スマホの視覚的な刺激よりもずっと自分の感覚を揺さぶってくれることに気がつき始めます。

すると、「何かイベント」がなくても、「普通の日々」を生きることがすごく面白くなるんですよ！


〈味覚〉


まずは味覚から始めましょう。

いつもは、考え事をしながら、スマホを見ながら、おしゃべりをしながら、食事をしているかもしれません。

けれど、味覚は「深く感じること」の違いがすごくよく分かるのです。

では「味覚ワーク」スタート！

まずは食べるものを口にするとき、目をつぶってみましょう。

視覚情報を遮断するだけで、感覚はグッと鋭くなります。

バナナがあったら、一切れ口に入れてみましょう。噛むと、ねっとりした甘さとわずかな酸味が口の中いっぱいに広がり、甘い芳香が鼻に抜け、ゆっくりと30回くらい噛んでいると唾液と混じることでさらに甘さが濃くなる味の変化が分かり、最後にごくりとのどを滑り落ちていく……。

そうやってじっくりと感じていると、「ゆっくり、味わう」ということの奥深さと、それを感じ取れる自分のすごさに改めて驚くことでしょう。

コツは、「すぐに飲み込まない」こと。ぐっとのどの奥を締めておきます。

そして「30回」と数を数えると左脳を使いますので、「ああ、こんな味に」「ああ、舌触りがどんどん変わる」「バナナってこんなに美味しいのか！」という感想だけを思い浮かべ、変化を味わいつつ、唾液と混ざってトロトロになった頃が、飲み込む頃合いです。

そんなふうにして一口をじっくり味わっていると、

「バナナを育ててくれた人に感謝！」「買うお金を稼いだ自分に感謝！」「雨や太陽の恵み

は愛だ！」というような、愛と感謝と豊かさにも満たされたりして、**「この一口がエンターテインメント！」**とまで感じられるかもしれません。

それを、１本50円にも満たないバナナで楽しめるのです！

さらにこの「じっくり食べ」をしてみると、スマホやテレビを見ながら袋食べしていたスナック類が、塩分や油分がすごく強いのが分かって、あまり食べられなくなるでしょう。

逆に、薄味のものは、舌を余すことなく使い、味を敏感に感じ取ろうとするので、旨味や素材の味に気がつけて、美味しさがより分かるようになるんですね。

さらに味わってゆっくり食べると満足度が高くなるので、食べすぎも防げます！

まずは、**最初の一口だけでも、「目をつぶって、ゆっくり味わって食べてみる」**。

これだけで、味覚を感じる力が強まりますし、食べることの素晴らしさを毎食ごとに実感することができますよ！

〈聴覚〉

縄文の頃は、獣が襲ってくるのに気づいたり、獲物の場所を見つけたりするために、鋭い聴力が不可欠でした。

けれど今は、意識して聞くのは人の声や音楽くらいで、そのほかの音にはあまり気づかないものです。

ですので「聴覚ワーク」スタート！

目をつぶって、耳を澄ましてみてください。

休日の日中だったら、鳥の声とか木のざわめきとか、遠くで子供が遊ぶ声とかが聴こえてくるかもしれません。

聴こえるのが鳥の声だったら「どういう鳥だろう？」と、心に浮かぶイメージを拾ってみたり、その鳥になった感覚を味わったりしてみましょう。

木の葉がザワザワと擦れる音だったら、そのザワザワという音に浸ることで、自分がどんな気分になるかを感じてみましょう。

そうすると、何気ない「聴く」ということの面白さが深まります！

また、**「欧米人は虫の声はノイズに聞こえるけれど、日本人は音声として聞いている」**と言われています。それは、欧米人と違って日本人は、虫や鳥の鳴き声も、言語脳の左脳で聞いているからだとか。

秋の夜に響く「リンリン」「チンチロリン」「ギッチョン」という鳴き声を、「虫の声」として聞き分けるのは、「自然」と会話をしていた縄文時代の名残かもしれません。

ペットを長年飼っている人は、鳴き声で何が言いたいかが分かったりもするでしょう。

「聴こう」とするのは、ほかの生き物とのつながる方法なのかもしれませんね。

聴くことも意識してみましょう！

〈嗅覚〉

コーヒーやアロマなどのいい香りをかぐと、ホッとしませんか？

五感の中で唯一嗅覚だけは、大脳新皮質を経由することなく大脳辺縁系に直接アクセスするので、記憶につながりやすく、安らぎや幸せ、安心の記憶を思い出せるからかもしれません。

私は植物園通いが趣味で、年間パスポートも持っているのですが、5月のバラの時期は、見るだけでなく香りも楽しみの一つです。

とくに「ボレロ」というバラの香りを胸いっぱいに吸い込むと、とっても幸せな気持ちになるんですよ。

日頃はあまりクンクンと匂いをかぐことはしないでしょうが、「嗅覚ワーク」スタート！

まずは、自分の手の甲の香りをかいでみてください。

ハンドクリームをつけていなかったら、自分の肌の香りが分かるでしょう。「体臭」というと「消さなければ！」と思うかもしれませんが、「あ、自分って、こういう香りがするんだ」と発見することで、「ああ、自分はこの体と生きているんだなぁ」と自分への愛おしさを感じたりもするかもしれません。

そして、香りは食べ物からもよく漂います。お吸い物のお出汁の香り。イタリアンのニンニクの香り。食べ物の美味しさは味覚だけでなく嗅覚があるからこそ分かります。

そして美味しいもの、体が喜ぶものは、より良い香りに感じます。

お料理の香りを、いつもの倍！　クーンと吸い込んでから食べてみましょう。さらに美味しくなるはずです！

そして、自分がいいなと感じる香りは、「自分が欲している、自分に必要なものを補ってくれる」香りでもあります。

アロマの精油を置いているコーナーに、サンプルの匂いをかぎに行ってみてください。

その中で、心地よく感じたものを手に入れてみましょう。

ストレスを感じたときにかいだり、お風呂に垂らしたりすると、ホッとしたり心地よさを取り戻したりできますよ。

嗅覚は、心を整えることができるのです！


〈視覚〉


「人の知覚情報の8割から9割は視覚から」と言われることもありますが、視覚は感覚の中でものすごく大きいものです。

その証拠に、目をつぶってみるだけで、今まで気づけなかった音や、匂いや、肌が感じていることが分かったりするでしょう。

けれど、私たちは、実は見ているようで見ていないのです。

あなたは、お札の裏側に何が描かれているか思い出せますか？

あんなに見ているお札なのに、表の人の顔は覚えていても、裏の模様は覚えていない人がほとんどのはずです。

実は脳というのは、目に映っている情報のほとんどを心に刻み付けてはいません。

ですから、「視覚ワーク」スタート！

自分の半径1メートル以内にあるものを、じっくりと見てみましょう。

私たちは日頃効率を求めているので、なかなか「じっくり」することが苦手です。

なので、タイマーで3分設定して、3分間は1メートル以内に視線をとどめてください。

すると、いつも使っているカップの柄が、意外に手が込んでいたことに気づくかもしれません。取っ手が半ハート形で、けっこう可愛いのが分かるかもしれません。

そしてカップから立ち上る湯気が、ものすごく芸術的な形になることに驚くかもしれません。

「視線をすぐに動かさず、じっくり見てみる」これだけでも、自分の周りに興味深いものがすでにある、ということに気づくことができるでしょう。

それと同時に、たった3分でも「じっくり見る」というのがしんどくなってしまうのも分かるはずです。

それだけ私たちは、効率を求めるあまりに、「せっかくあるのに、楽しんでいない」というもったいないことをしているのですよね！

時間があったら、ぜひさらに視線を、5メートル、10メートル、窓の外と3分ずつ広げてみてください。

ものの形の面白さ、自然の造形の不思議さ、きっと色々な発見があるはずです。

さらにじっくり見ていると、人だって、見た様子から、その人柄を察することができるのも分かるでしょう。

「じっくり見る」ことで、そのものの本質に迫ってみましょう！

〈触覚〉

触覚というのは、実はものすごく繊細なんです。

特に指先はそう。試しに、髪の毛の先を指でつまんで押さえて、もう一方の手の指で髪をつまみ、下から上になぞってみてください。

どうですか？　何か引っかかりを感じませんでしたか？

その引っかかりである髪の毛のキューティクル１枚の厚みは、約０．００１ミリ。これを感じ取れるのですから、実は指先というのはとんでもないセンサーなのです。

そして触覚というのは、「触れる」だけでなく、「触れられる」という両方の感覚でもあります。

というわけで「触覚ワーク」スタート！

自分の頬を、「世界一大切なもの」に触れるように、やさし～く両手で包み込んでみてください。目をつぶって、より鋭敏に感じてもいいですね。

すると、頬がじわじわじわーっとして、なんとも言えなく、優しい気持ちが湧いてきませんか？

触れている手の優しさ、そして内側から湧き出る優しさ。それを感じられるのではないでしょうか。

メイクをしているので顔はちょっと、という方は、一方の手で、もう一方の手の甲を、やさし〜く、触れるか触れないかの力加減で撫でてみてください。

きっと思いのほか気持ちが良くて、両手を優しくこすり合わせてしまうのではないでしょうか。

「優しく触れる」というのはそんな力があるのですね。

これは、誰かに触れるのでもそう。オキシトシンという脳内ホルモンが分泌されて、優しく幸せな気持ちになるし、ストレスを減らすこともできるんです。

イライラしたとき、自分の手の甲や腕、太ももなどを、優しくそっと、大切なものを扱うようにゆっくりと撫でてみましょう。

そして、「撫でる感覚」「撫でられる感覚」を味わってみましょう。

それだけで、フーッと力が抜けたり癒されたり、自分を愛しく思う気持ちが湧いてきたりします。

触覚を丁寧に感じることは、心のケアにものすごく効くんですよ。

優しく自分に触れること。肌触りの良いもので自分を包むこと。ぜひやってみてください！

○世界が「ある」に満ちていることを感じる

左脳を使って、物事を「先のこと」とか「人との比較」で考えると、人はすぐに、失う怖れや、足りないこと、うまくいかない不安といった、「ない」を見つけ出そうとしてしまいます。

でも実は、今もうすでに、「ある」に満ちているんですよね。

縄文人が、食べるもの、住むところ、着るものすべてを、自然（天・カミ）から受け取っていた頃から、今に至るまで……。

お金を払わなくても、生きるために最も欠かせない、充分な空気があります。

見て、聴けて、味わえてと、素晴らしいエンターテインメント受信機能がついた、体があります。

住むところも着るものも食べるものもありますよね。

それは「自分がお金を稼いだから」と思っていても、その原料も、それらを作ってくれた人が食べるものもすべて、地球が提供しているおかげ。

私たちは、実は自分の体から、生きるために必要なものまで、全部「受け取っている」

のです。

それにもし、「これは失いたくない！」と痛切に思うものがあるとしたら、あなたはすでにそれが「ある」ということ。大切なものをすでに持っているということです！


また、「ない」と「ある」は、コインの表裏でもあります。

うまくいか「ない」ことがあったとしたら、活かせる教訓が「ある」。

将来に希望が「ない」としたら、見つける楽しみが「ある」。

そう思ってみると、**「不幸」は、これから幸せになる余地が「ある」ということ！**

ときに、「見えない大いなる力」は、「失う機会」を作ることで「ある」に気づかせてくれることもあります。

私は抗がん剤治療をやっていたとき、味覚障害になりました。

それが分かったのは、「治療を頑張っているから」と、旦那さんが奮発して、伊勢海老を食べられるお店に連れて行ってくれたときのことでした。

獲れたての伊勢海老の、とろけるような甘みを存分に味わえるという、めったにない機会だったのに、味がぼやけてよく分からなかったのです。

せっかくの御馳走が目の前にあるというのに、その価値を感じることができない。

それは、「いつものように味わえる」というのが、どれほどありがたいことなのかを痛感した出来事でもありました。


味わえること。歩けること。話せること。

日本という治安の良い国に住んでいること。

災害があったら、助けようとしてくれる人たちがたくさんいること。

困ったことがあったら、サポートしてくれる仕組みが色々あること。

そしてそれは、私たちのご先祖様たちが命をつなぎながら、整えてくれたこと。

今も色々な人が、世の中を円滑に回すために動いてくれていること。

それらのおかげで、今この瞬間、安全にいられること……。

「当たり前はありがたい」と思って、自分の「ある」を数え上げてみて、「自分はけっこう受け取っているんだな……」と実感してみてください。

それに、「ある」を見つけるのを習慣にしておくと、未来も幸せになるんですよ。

なぜなら、「これから、大変なことが起こる。色々なものを失って、苦労するかもしれない」と、「失うこと」を前提にものを考えるのと、

「これから大変なことが起こるかもしれないけれど、今受け取っていることに感謝しながら、今をしっかりと楽しんで、何か起こっても、そのおかげを見つけて、できることをしていけばいい」と、「ある、おかげがある」という気持ちでいるのとでは、心の重さも変わりますよね。

そして**「思っていることが、自分の見る現実になる」**という法則で考えると、そのほうが軽やかな未来につながることになるからです。

「ない」でなく「ある」を感じて、今も未来もいい気分でいきましょう！

○自然のあるところに出かけよう

縄文感性を取り戻すために、とってもおススメな方法があります。

それは、家から出て、自然の多いところに行くこと。

今のような、四角く区切った、石油製品で内装された家に住んでいるのは、まだほんの百年ほど。人の体は、木とか草とか土とか、自然に近いものに囲まれていた時代のほうが、うんと長いのです。

だから、木や緑の多い公園とか、自然公園とか、軽い散策ができる山道とかがあったら、できるだけ長い時間、その場に身を置くことが、「思い出すスイッチ」を入れてくれるんですよ。

さらにスイッチを入れるのにおススメなのが、「そこでじっくり過ごすこと」。

最低30分、できたら1～2時間過ごすのです。

そのとき、スマホはしまっておきましょう。

思考が始まったら、「ストップ」。目に見える光景、耳に聞こえる葉擦れや鳥の声、緑や花の香り、そういったものを感じながら歩いてみましょう。

ただし、15分も過ぎると、「ここを出たらアレをして」といつもの思考が動き始めるはず。でもそこで帰ってしまってはもったいない！

ベンチに座って、ひたすら「ぼーっ」としてみましょう。

ぼーっとするのに慣れていないと、思考がすぐに始まります。

そうしたら、1メートルの範囲、5メートルの範囲と、視覚に集中したり、目を閉じて音に耳を澄ませてみたりします。

「風が頬に触れている」「目の奥が少し疲れている」とか、頭のてっぺんから足の先まで、体の部分を丁寧に感じてみるのもいいですね。

これは**「ボディスキャン」**といいます。


私は年パスをもっている植物園で、芝生の上を裸足で踏みしめるのが好きです。

「裸足で大地を踏む」というのは、今どきなかなかできないんですよね！

やってみると、足の下から、体が喜ぶ感覚がわき上がってくる気がします。

靴を履いていても、土や芝生の場所があったら、ぜひそこを歩いてみてください。

何か、「大地から伝わってくるもの」を感じたり、「大地のパワーをもらっている」ような気がしたりするかもしれませんよ。

そうしているうちに、なんだかスッキリしたり、体が軽く感じたり、直感を受け取ったりということもあるでしょう。

私は植物園で、芝生や木々を眺めながら風に吹かれていたとき、風が自分の中を通り抜けて、自分と自分を取り巻く空気との境目が薄くなって、自分が世界に溶けていくような感覚になったことがありました。

そのときです。

「ああ、自分というのは、この宇宙と世界を創っている『見えない大いなる力』が、今この瞬間、『私』という形をとって、『自分』という意識を乗せているだけのものなんだな」

ということを実感したのは。

考えてみれば、私たちの体のすべては地球のものでできていて、今朝食べたトマトや鶏肉が、今は「私」になっていて、体を動かしたり作ったりしてくれている。そして自分から出たものは、下水を通って海に還っていくのです。

間違いなく自分というのは、地球の一部が形を変えて、「私」になっていて、それはやがて形を変えてまた地球の一部になっていくもの。

それは、鳥も虫も草も一緒です。

だから、**「すべてはつながっている」**。

そもそも、この「私」ですら、髪の毛を作ったり、皮膚を作って古いものを剥がれさせたり、骨や血液を作ることは、「自分の意識」ではやっていないのです。

心臓を自分の念だけで止められる人はいないでしょう。

「では、それをやっているのは誰か？」

それを想うと、**「すべてを動かしているのは『見えない大いなる力』」**。

そう思わざるを得ないんですね。

そして、見えない力に授かったこの体をもって「今生きている」ということが、まさに奇跡ですごいことなのだと、震えるように思うのです。

……自然の中にいると、そんなことも思い浮かんだりするかもしれませんよ。

ぜひ、自然の中で過ごすひとときを持ってみてください！

「愛でる」を極める

縄文感覚を育てる2番目は、「愛でる」です。

「自分と世界はつながっている」と思ったら、この世にあるものを愛でることは自分を愛でること。

自分を愛でることは世界を愛でること……。

そんなエラそうに考えなくても、「愛でる」という、自分から愛をあふれさせる行為は、自分の心を豊かに幸せにしてくれ、そして世界とのつながりも深くしてくれるのです！

○物を愛でる

肉でも野菜でもスパッと切れる包丁。便利ですよね。しかも１００円ショップでも買えるくらい安価なものもあります。

縄文人も石斧やナイフを使っていました。けれどそれは、石をものすごい時間をかけて砥いで作ったものでした。黒曜石を薄く割って作るものもありますが、力の入れ具合が悪いとうまくできませんから、やっぱりとても繊細で大変な仕事。

だからその道具を使う人たちは、それに込められた作り手の思いや時間を感じて、大切に大切に扱っていたことでしょう。

そしてその思いは、物にも込められていきます。きっとその物自体にも「よく切ってあげよう」という気持ちが宿ったのではないかと思うのです。

日本には、「付喪神（つくもがみ）」という、長年使っていた、長い時を経た物には神が宿る、という言葉があります。

室町時代の御伽草子には妖怪として描かれていますが、「物自体に何かが宿っている」というのは古くから感じられていたのでしょう。

だから、自分が使っている物一つ一つを、改めて愛でてみましょう。

そのときにぜひしていただきたいのが、**「声をかけること」**。

思いだけでも伝わりますが、日本語というのは、「言霊（ことだま）」とも言われるように、言葉自体に不思議な力があり、その音は響いた先に影響を与えることができます。

ですから、言葉で伝えたほうが、より物に届くのです！

例えば、大根を切りながら、包丁に「よく切れてくれてありがとうね」。

そのとき、「大昔はこんなに切れる刃物はなかっただろうな」とか、「近くのホームセンターで買えるから、今はありがたいな」とか、「おー、これもスパッと切れちゃった！」……なんて考えていたら、包丁がものすごく愛おしくなります。

また、「感じる」を発動して、「ありがとうね」と伝えた後、「包丁が何か伝えてきているかな？」と感じてみましょう。

そうしたら、「手元がフワッと温かくなった気がしたんです！」という方もいましたよ。

包丁も声をかけられて、嬉しかったのかもしれません。

私も、日々使っているパソコンには「パソ子」と名付けて、「いつもありがとうね～！」「可愛いね～！」とナデナデしています。そうしていると、調子が良い気がします（笑）。

何かをするときに触れる物、それらをぜひ、愛でてください。

愛でているときって、なんか幸せですよね。

そう。**愛でることが多ければ多いほど、幸せが増えるのです！**

○自然や生き物を愛でる

物以上に、心が通じやすいのが生き物でしょう。

ペットに愛情を注ぐと、「ペット」でなく「家族」になるくらい、気持ちが通じます。

我が家には、ベンジャミンやゼラニウムなどの観葉植物がありますが、水やりのときに、「いつもありがとうね」と何気なく声をかけているからか、20年以上経ってもイキイキしています。

そして花が咲くと、「よく咲いてくれて、ありがとね」と声をかけているせいでもあるのか、長くきれいに咲いてくれます。

植物に話しかけるときは**「そっと触れる」**というのもおススメですよ。触れたほうが伝わる気がします。

そうやって、道を歩いているときに目にする花々や、植物園での花にも「きれいねえ」「ありがとうね」と声をかけていると、花ネットワークか何かで、「この人はほめてくれる人だ！」というのが伝わっているのか、ここも！　あそこも！　と、まるで咲いている花からアピールされているように気がつけるのも面白いもの。

声かけをするようになってから、お花に好かれたような気がします（笑）。

草木や生き物に視線を向け、触れ、優しい声かけをするようになると、「けっこう周りに素敵なものがあるんだな」と気づくようになります。

そして優しい言葉をかけるのを照れずにできるようになっていきます。

また、言葉というのは、相手に言ったつもりでも、自分の耳が一番大きく聞こえているもの。

「ありがとう」「きれい」「素敵」……と言えば言うほど、自分自身への声かけとなって、自分が素敵になっていく、なんて効用もあるんですよ！

○ささやかなものを愛でる

「愛でる」というと、「推しを愛でる！」というような、存在感のあるものを愛でることと思うものですが、実はどんどん増やしていただきたいのが、「ささやかなものを愛でる」ということなんです。

愛でているときというのは、「可愛いなぁ」「素敵だなぁ」と、自分の中から、その対象への、「愛」ともいえるような、優しい思いがあふれますよね。

そのとき、自分の体の中には、体の機能を高め、若々しさを保つ作用もある脳内ホルモンのオキシトシンも分泌されます。つまり、**愛でる時間が長いほど、「自分が健康で若々しくなる」**ということなんですよ。

今年、初めてアジサイの切り花をいただきました。

植えてあるアジサイを通りすがりに見ているときは気づかなかったのですが、切り花を毎日水替えしていたら、アジサイの小さな花の真ん中のポッチが開いて、小さなおしべが、まるで小さな冠のように輪になっているのに気づいたのです。

「なんて可愛いのでしょう！」それを右から左から眺めているだけで、幸せホルモンどぱーんです（笑）。

動画で、動物のかわいい仕草を集めたものが人気なのも、可愛いものを愛でていると、幸せホルモンどぱーんで、心も体も癒されるからなのでしょうね。

身の回りの可愛いものをどんどん見つけて、愛でまくりましょう！

○人を愛でる

人にも愛を送ると、嬉しいことがたくさん起こります。

推しの人がいたら、その人のことを考えているだけで、幸せホルモンがどぱーんと出ます。そうすると心も体も元気になっていきます。

追っかけをしている人が高齢であっても元気なのは、「愛でることパワー」のなせるわざなのでしょう。


「気持ちを向ける」こと。


それだけでも、愛を送ることになります。

街を歩いていて、可愛い子供や、品の良い素敵なおばあさんを見かけて、「わぁ！」と胸に愛があふれたら、ぜひそちらに向かって、胸から**「大好きだよ光線」**（笑）という愛を放ってください。それだけでも世界に愛が増えます。

そして、もし目が合って、「いけそう！」と思ったら声もかけてみましょう。

子供のそばのお母さんに、ニッコリ笑って「可愛いですね」。おばあさんに「とても素敵でいらっしゃいますね」。一期一会の、和やかな笑顔の交流ができたりしますよ！

○自分を愛でる

そして、何よりも愛でていただきたいのは、そう、「自分自身」です。

この頃は、「若い頃より疲れやすいし、忘れっぽくなっちゃって」なんて、自分を責めてしまうことも、よくあるかもしれません。

でも、美しいものを見られるのも、美味しいものを味わえるのも、行きたいところに行けるのも、大好きなものを愛でられ、愛する人を抱きしめられるのも、この体あってこそ！

しかも、自分が頭を悩ませないでも、体の細胞は新陳代謝を繰り返し、傷ができたら自動修復して健康を保ってくれるスグレモノ。

「1億円出すから、両目をくれ」と言われたって、イヤですよね。

それくらい価値のある貴重なものを、私たちはすでに持っているのです！

だから……自分をもっともっと愛でていきましょう！

私は、朝晩顔に化粧水をつけるとき、両手で頬を包みながら、「可愛いね～！　きれいだね～！　今日も元気でいてくれてありがとうね～！」というような言葉を語りかけています。

そして言うたびに、痛いところがなく動けること、この体を通して様々な体験ができ、人とやり取りができ、心と体と感情をいっぱい使って生きられるありがたさを感じるのです。そうすると、内側から、さらにふつふつとあったかい気持ちが返ってきて、体からも愛を返されたようにも思うのです。

お風呂に入るとき、シャワーで体を洗うとき、ぜひ手のひらで体を撫でながら、「ありがとうね」とささやいてみてください。間違いなく体の細胞までぴちぴちと喜びますよ。

そして自分のことを、「よく動いて可愛い手だなぁ」「こんなことをしたね」……と、姿もやっていることもすべて愛でて、自分が自分の一番のファンになりましょう。

そうしていたら、自分が発するもの、作るもの……例えば言葉や料理や、仕事の成果物や作品などから、自然と「自分の愛」が周りに伝わっていくようになります。

そうしていると、自分の気分もいいし、周りからも温かな反応を感じることも多くなってくるんですよ。

『三日月の輪舞曲』（かざひの文庫）を書いた鈴木幸一さんは、

「愛でる時間は、愛される時間に比例する」

と言っていました。

あらゆるものを愛でまくりましょう。自分からも世界からも愛されますので！

「親しむ」を極める

縄文感覚を育てる3番目は、「親しむ」です。

「愛でる」というのは、一方的に心を向けることですが、「親しむ」というのは、心を近づけて、仲良くなることです。

仲良くなると、もっと自分の世界が広がるし、幸せも増えるんですよね。

○まずは心を寄せる

親しむには、まず、**「相手や対象をよく知ろうとすること」**から始まります。

「どんな人かな？」「どんなものかな？」と心を寄せていくと、新しい発見があったりしてますます楽しくなり、もっと知りたくなるでしょう。

そして相手も、関心を持ってもらうと嬉しくなって、好意を持ちやすくなるので、良い関係を作ることもできます。

マザー・テレサが、**「愛の反対は、憎しみではなく無関心」**と言ったのは有名ですが、関心を持つことは、愛でもあるのです。

色々なものに、心を寄せてみましょう。そしてよく知ろうとしてみましょう。


私の友人はとても顔が広いのですが、初対面の人にも「何をやっているんですか？　それはどういうことですか？」と心を寄せます。それと同時に、心を開いて、相手の言うことを上手に受け止めるので、すぐに仲良くなるのですね。

お店に入っても、気に入ったものがあると、すぐに店員さんに「これはどこで作られたものですか？」と聞くので、店員さんとも親しくなって、耳寄り情報をよく教えてもらっています。


心を寄せると、好きなもの、大切なものが増えていきます。

そして自分の喜びも、良い関係も増えていきます。

人にも物にも、色々なものに心を寄せ、親しみましょう！

○可愛がるものを増やす

「やった反応が返ってくる」。それは楽しいことですよね。

ですが人が相手の場合は、思ったような反応が返ってこなくてストレスになってしまうこともあります。

そんなときは動物や植物などを可愛がるのもおススメです。

縄文時代の墓には、人と一緒に犬が埋葬されていることがあります。犬は狩猟においても家族としても、なくてはならない存在だったのですね。

動物を飼えない場合におススメなのが、「植物を育てること」。

生き物を育てると、やっただけのことが返ってくるし、葉を伸ばし、花を咲かせ、しぼんで枯れて、土の上に置いておくとそれがやがて分解されて……という「自然の循環」までもが感じられます。

まずや植木鉢やプランターなど小さいところから！

そのときパセリや大葉、ミントなどを植えてみると、ちょいとつまんで料理に使えますよ。それに自分が育てたものを食べると、親しさも愛しさもあるからか、なんだかパワーをもらえる感じがします。


そして今、私は「微生物」を可愛がっているのです（笑）。

微生物とは、土の中にいて、枯れ葉とかを分解してくれるアレです。

早い話が「コンポスト」で、基材（ピートモスと籾殻炭など）の中に毎日出る生ごみを入れて、堆肥にするのです。

私が使っているのはトートバッグ型のものなのですが、不思議なもので、毎日生ごみを入れ続けても袋がいっぱいになりません。

なぜなら、生ゴミは90％が水分なので、水分は蒸発し、ゴミは微生物の食料となって、分解されていくからです。

そのおかげで、毎週1、2回出していたSサイズの「燃えるゴミ」が、月に1、2回で良くなり、焼却ゴミの削減にも貢献できました。

何より楽しいのが、微生物がよく働いていると、基材が温かくなり、生ごみがいつの間にか黒っぽくなって消えていくのが目に見えて分かること。

微生物の好物の米ぬかを混ぜたり、水を足したりしてお世話をすると、まるでペットを育てているような楽しさがあります（笑）。

その次に始めたのが「キエーロ」。

「キエーロ」というのは、土の中に場所を変えながら生ごみを入れ、数日後には前のぶんが微生物に分解されているので、土を増やすことなく生ごみを片づけられる、コンポストの一種です。

そうやって、ちょっとした自然と親しんでいると、「命」とも親しくなる気がします。

毎日食べているお米やトマトも「命」。それを育んでくれる土の中にいる微生物も「命」。

その命のおかげでこうして生きていられること……。

それを改めて嬉しく感じられますよ！

○心を込める

親しさというのは、「思いを込めた」ぶんだけ、その度合いが変わるものです。

人と話すとき、用件だけそっけなく伝えると、相手の反応も薄いけれど、「これは必ず！」という思いと力を込めて伝えると、真剣に聞いてくれたりするでしょう。

ただ、忙しい日常だと、事務的に言ったり、相手の話を耳半分で聞いたりということをついついしてしまうんですよね。

『今日誰のために生きる？』（ＫＡＤＯＫＡＷＡ刊）を書いた、縄文人のメッセージを伝えているペンキ画家のＳＨＯＧＥＮさんは、

「人と話すときは抱きしめるようにして話すんだよ。体温が乗っていない言葉は伝わらない」と言います。

確かに、口先だけで「大丈夫？」と言われても、ただの社交辞令に思えてしまいます。けれど、目を見て、言葉にしっかりと思いを乗せた「大丈夫？」は、心に沁みるように伝わってくることもあるでしょう。

そして、逆に聞いてもらうとき、手を止めて、しっかりと顔を見て聞いてくれると、す

ごく「伝わった！」という気持ちになりますよね。「うんうん」と大きくうなずいてくれたら、より強くそう思うでしょう。

手を止めて、顔をしっかり見て、相手を感じながら、心を込めて、話す。
手を止めて、顔をしっかり見て、相手を感じながら、心を込めて、聞く。

まず自分が、「抱きしめるような気持ち」で話をしたり、聞いたりしていたら、短い時間でも心が通じ合い、親しさが増すはずです。

心を寄せ、思いを込めることで、喜びの交流はさらに深まります。

それは幸せを増やすことにもなるのです！

「楽しむ」を極める

縄文感性を育てる最後は、「楽しむ」です。

今は色々な楽しむ手段がありますが、縄文的な「楽しむ」とは、クリエイト、創り出すことです！　そのクリエイトする楽しみをぜひ取り入れてみましょう。

○創作することを楽しむ

縄文人は、住むところも着るものも使う道具も、みんな自分たちの手で作るしかありませんでした。

だからいつも「創作」していたんですよね。

なので、作り上げる喜び、工夫する喜び、できたものをみんなで使う喜び……生活の中で作りあげることに、たくさんの喜びややりがいを感じていたのだと思うのです。

けれど今は、手軽な娯楽というと、テレビを見たり、スマホで動画や文章を楽しんだりすること。つまり「受け身」になっていることが多いのです。

受け身だと、楽しみは享受できますが、「作り上げる喜び」「自分から何かを出す喜び」というのはありません。

ですから……縄文人のように、「創作する」ことを楽しんでみましょう！

かといって、家を作るとか、手芸や工芸を新たに始めるとかいうのはハードルが高いもの。なので、やりやすいと思うのが、**「料理」**です！

何が食べたいかな？　と自分に問いかけて、「ハンバーグ！」と浮かんだら、スーパーや肉屋に行きましょう。

そして豚とか合い挽きとかの肉を選び、タマネギを買い、レシピによってパン粉や卵があればそれらもそろえ、レッツクッキング！

あまり料理をしたことがなければ、タマネギのみじん切りが大きすぎてまとまりにくかったり、混ぜたタネを丸めるときに手にくっついたりして、慌ててしまうこともあるかもしれません。

でも、そんなふうにして、作ってみましょう。

できたらそれは自分の作品。それをじっくり愛でてから、ゆっくりと味わいましょう。

その一連の行動は、**「自分の体を使って何かを作り出し、そしてできあがったものを楽しみ尽くすこと」**です。そして工夫次第で、無限大に楽しめるんですよね。

友人の80代のお父様は、料理研究家のリュウジさんや家庭料理研究家の奥薗壽子さんが教える、けっこう簡単に美味しい料理を作れる動画にハマって料理に目覚めました。

そして、一緒に暮らしている友人に、「明日はアレを作ってやるからな！」と、毎日の張り合いにもなっているそうですよ。

作品を作り出す喜びは、生き甲斐にもなるのです！

また普段から料理をしている人は、「お腹に入ればいい」ではなく、**「作り出す喜びをもっと感じよう！」**とするだけでも、楽しさが深まります。

「自分には受け身の楽しみが多いな」と思ったら、「作り出すこと」にチャレンジしてみてください。頭が活性化され、明日の楽しみも増え、良いことずくめですから！

○チャレンジすることを楽しむ

とはいえ、いざ慣れていない料理をしたら、焦がしてしまったり、不味かったりして、すぐにイヤになってしまうかもしれません。

そして、「お惣菜を買えば、時間も使わないし、失敗もないし、美味しいし」と思うこともあるでしょう。

でも。

人類の祖先が生まれた約７００万年前から、私たちは失敗し、試行錯誤をし続けてきたからこそ、今があるんですよね。

きっと人間には**「失敗を乗り越えて、より幸せになる」**という機能がすでにプログラミングされているのです。

そして**「失敗は成功の元」「失敗し尽くしたら、成功しかない」！**

何度もやって、「もっとこうすればいいんだな」ということが分かってくれば、だんだん上手になります。

そもそも、あまりやったことがないことが、最初からできるわけがありません。

「まずは失敗するのが当たり前」。

そう思い、どんなことでも、

「やりたい」と心に浮かんだことは、「まずやってみる」と、すべてチャレンジしてみましょう。

そうしていくと、「こんなこともできるんだ」という自分への自信がわいたり、交友関係が広がったり、一生ものの趣味になったりと嬉しいことも起こりますよ！

○過程を楽しむ

小学校の頃から、「テスト」を経験してきた私たちは、つい間違いを怖れ、すぐに「正解」や「結果」を求めてしまいます。

そのため、左脳をフル回転させて、先を読み、思考をし、効率を求めて動こうとするんですね。

でも、人が五感を授かっているのは、「結果を出すため」だけではなく、きっと**「五感を使って、その過程もたっぷりと味わうため」**もあると私は思っています。

料理でいえば、つるりとしたピーマンの手触り。タマネギを切ると立ちのぼる香り。熱くなったフライパンに具材を入れると上がる、ジャアッという音。

「早く作らなきゃ」と思っていると、そんなものを感じることはすっ飛ばされてしまいますが、それを意識してみると、

「ああ、この食材たちと楽しい時間を過ごして、そして最後には私の一部となってくれるんだな」と、私はピーマンをスリスリしたい気持ちになります（笑）。

そば打ちを習っている友人も、**「うまくいかないからこそ、奥深さが分かって面白い」**

と言います。

「うまくいったら、すぐに飽きてしまう。でも、うまくいかないからこそ、よりじっくりと向き合えるし、自分の手に触れるそば粉と水を、手触りによって対話するような時間は、とても不思議で面白くて、やめられない」という言葉に、うなずくことしきりです。

それに、何かを「達成すること」だけを目的としていると、達成するまではずっと「まだ足りない」と苦しくなってしまいます。

でも、一つ一つの経験を「得た！」と思っていたら良い気分になれますよね！

駅まで出かけるときも、「着くこと」だけに意識を向けるのではなく、空を見たり、人を見たり、街路樹を見たりと、行くまでの過程にも楽しめることはたくさんあります。

すべての瞬間、すべての過程を楽しみ尽くしましょう！

○旬を楽しむ

縄文人は、四季のサイクルとともに生きていました。

春は新芽の出る時期。ワラビやタラの芽など、山菜をたくさん食べたでしょう。

夏は植物が豊かに茂り、魚や貝がたくさん採れる時期。

さらに秋は、穀類や木の実が実ります。冬に備えて太った獣も狩っていたはずです。

冬は保存したものを食べて過ごしていたでしょう。

そんなふうにして、その時期にとれるものを味わい、保存して一年中楽しんでいたのですね。

今でも、四季がある日本では、特に食べ物の旬を大切にしていますが、「そのときにしかないものを味わうこと」は、季節の移ろいを食によって愛で楽しむことです。

私が、旬と大地の恵みを楽しむためにやっているのが、「野草摘み」！

春になると、空き地の隅に生えてきたツクシやヨモギを摘んで、卵とじにしたり、草だんごを作ったり。

肥料も何もなく、ただ大地の力と太陽の恵みによって自ら生えてきた野草はエネルギーがいっぱいで、食べると「大地のパワーをダイレクトにもらえる！」という感じがします。

初夏になると、そこここに増えているアップルミントを摘んで、フレッシュハーブティーに。

10センチほど摘んだのを2、3本、よく洗ってちぎってポットに入れ、300ccの熱湯をかけると、薄い緑色をしたポリフェノールたっぷりのお茶ができます。そしてほんのりとした甘みと香気がなんとも言えなく美味しいのです。

花が咲く頃のドクダミを干して作るドクダミ茶も、滋味豊かな味わいなんですよね。旬を取り入れること。身近な大地の恵みもいただくこと。

これも縄文時代から続いている、豊かな楽しみです。

「感じる」「愛でる」「親しむ」「楽しむ」で、縄文感性をどんどん目覚めさせていきましょう！

縄文感性を高める毎日のルーティーン

ルーティーンにして実践しましょう

縄文感性を知ったら、ぜひ日常に取り入れてみましょう。実践すればするほど身について、変化や楽しさを感じられるようになりますよ。

そのためには、日常のルーティーンに取り入れるのがおススメです。

まずは、「これ、面白そう」「やってみようかな」というものから始めましょう。

気がつけば身について、毎日がもっと面白くなっていますから！

ここでは、具体的に一般的な一日の行動パターンに沿って解説していきます。

○気がついたらいつも

頭の中で思考が巡っていたら「ストップ！」。

五感、体感に意識を向けて、「今ここ」に戻りましょう。

思考の中でも、とくに

・過去の後悔や未来の不安といった、今ここでは行動できないこと

・こうしたらこうなるかも、という予想のやり取り

・他人のこと

・自分はこう思われているんじゃないかという予想

が浮かんだら、ぐるぐる思考が止まりませんから、「ストップ！」しましょう。

また、楽しくても、「好きな歌を頭の中でリピートする」「推しのことを考える」というのも、「自分」からは離れてしまうので、しばらくは「ストップ！」してみてください。

その代わり、「あ、このトマトは美味しいな」といった、「今ここ」で感じたことの感想はオッケーです。

思考を静かにしたら、「吸って」「吐いて」と呼吸に集中してみるのも、体感になるのでおススメですよ。

そしていつも**「感じよう」「愛でよう」「親しもう」「楽しもう」**という気持ちでいましょう。そうすると、縄文感性が高まっていきますから！

○目覚め

今日も目が開いた！　体も動く！

それは、「体さん」と、体を動かしてくれている「見えない大いなる力さん」が、意識が眠っている間にも、体の細胞の新陳代謝を進めて健康を維持してくれているからこそ。「ありがとう！」と、体と大いなる力に感謝です！

○起き上がったら

朝にぜひやっていただきたいのが、カーテンを開けて窓を開けること。できれば全部の部屋の窓を開けて、空気を入れ替えましょう。

寒い時期や暑い時期は「とてもできない！」と思うかもしれませんが、そのときは３センチほど開けるのを短時間でもオッケーです。

部屋のよどんだ空気の浄化になって、脳や体の動きを良くしてくれますよ。

そして日が当たる場所があれば、朝日を顔と体に浴びてみましょう！

紫外線が気になるかもしれませんが、短時間なら大丈夫。それに太陽の光を浴びると出る、セロトニンという心のバランスを整えてくれる脳内ホルモンを増やすほうが、心身にはプラスです。

セロトニンは、夜になるとメラトニンになって、眠気を促す作用もありますので、「寝つきが悪い、睡眠の質が悪い」という方はぜひ試してみてください。

さらにおススメなのが **「太陽呼吸」** です。

日を全身に浴びながら口を大きく開けて、「太陽の光を体の奥にまで摂り入れる！それで体の細胞が喜ぶ！」という気持ちで吸い込み、吐く息と一緒に「体の要らないものが出ていく！」と思いながら、3回ほど呼吸しましょう。

太陽のパワフルなエネルギーが、心と体を気持ちよく過ごせるようにセットしてくれますよ。曇りの日も雨の日も、太陽は雲の向こうにありますので、ぜひ「太陽呼吸」を続けてみてください！

○歯磨き

朝の起き抜けに歯を磨くと、夜の間に増えた口内の菌をスッキリさせることができます。歯ブラシを使う前に、指を使って、歯茎や頬の裏、舌に痛い部分があったらそこも優しくマッサージしましょう。

「体の中に手で触れる」と、体への親しみもわきますし、意識を向けるとそこの部分が元気になるので、歯や歯茎が丈夫になります。舌の不調も早く治りますよ！

○水を飲むとき

水を飲むときに、**「コレが私の体の細胞をぴちぴちにしてくれる〜！」**と思いながら飲みましょう。それだけで細胞は喜びます。

さらに、**「これは、私がもっと幸せになる魔法の水！」**とか、**「思っていることがどんど**

ん叶う魔法の薬！」とか思いながら飲むのもいいですね。

思いの力が、体、心、細胞に染みていくと、「そうなるよう」になっていきます。

だまされたと思って試してみてください！

○お通じ

ビロウな話ではあるのですが、おトイレタイムも、感性を高めるとても大切な時間です。

とくに「大」。1分快便の方もいるでしょうが、ちょっと時間がかかる方も多いはず。

そうすると、スマホを持ち込んだりするかもしれませんが、トイレタイムのおススメは、

「お尻に集中！　腹筋に集中！　毎日の出産を楽しむ！」です（笑）

赤ちゃんを産むことはそうそうできませんが、自分が体内で作ったものを体から生み出すことはいつもしています。

なので、「腹筋に力を入れて……おお、動いてきた、よし……出たー！」てな感じで、「産む」ような気持ちでいると、自分の体を通じて「ものを出し入れして循環をしていること」を実感できるんですよ。

そして便は、自分の健康のバロメーターでもあります。色や固さで自分の食生活の偏りや腸内細菌の元気さも知ることができるのです。

おトイレタイムも、ぜひ楽しみ尽くしましょう！

○服選び

オシャレをして出かける機会が減ったり、年齢が上がってオシャレ迷子になったりすると、服選びも「気温に合わせて適当に着ればいいや」となってしまうこともあります。

が！　私たちは「カミ」が形を変えたもの。

そして服というのは**「自分という神を飾るもの」**です！

なので、肌触りや着心地がいいのはもちろんですが、**「自分の気持ちが上がる」「自分を素敵に見せてくれる」**さらに、**「ほかのカミ（人）の目も喜ばせてくれる」**というものをぜひ選びましょう。

80歳を過ぎている私の母は、近所に買い物に行くのでも、服とバッグ、さらにアクセサリーの色まで合わせて、素敵にコーディネートしています。

すると、高い服ではないのに、とても粋でオシャレなので、よく人から褒められているんですね。自信が持てる格好でいるからか、背筋もしゃんとしています。

素敵な服を着て楽しむことは、気持ちを上げてくれます。

たかが服、されど服ですよ！

○掃除

服は「自分という神を飾るもの」。

だったら、家というのは**「自分という神が住む神殿」**です！

もし、大切な人を家に呼ぶことになったら、おもてなしをするために掃除をしたり片づけたりするでしょう。

でも、**「自分＝神＝大切な存在」**というのを忘れていると、つい「自分だったらこれ**【で】**いいや」と、自分も部屋も雑に扱ってしまうことがあるのです。

けれど、部屋が視覚的にゴチャゴチャしていたら心が落ち着かないし、ホコリがたまっていたら体にも良くないもの。

ですから、**「換気をする」「ホコリを払う」「ゴチャついていたら片づける」**ということを日課にしてみましょう。

モヤモヤしているときは、いつも使うデスクやテーブルを水拭きすると、気持ちがスキッとしますよ。

そして掃除機やワイパーをかけるとき、「汚いなぁ」と思う代わりに**「ここに住めてありがたい！」**という、愛でる気持ちでいると、部屋や家に自分の気持ちが伝わります。

そうしたら「神殿」は、神である自分の、もっと心地よい場所になってくれるのです！

○会話

今使っている日本語は、縄文時代からの言葉に由来しているといいます。

日本語は「大和」、大いなる調和の波長をもっている言葉です。

「うれしい」「たのしい」「しあわせ」「かわいい」「やさしい」「まろやか」……。

音を聞いただけで、心がホッとする響きがありますよね。

そして言霊……「言ったことが本当になる不思議な力がある」とも伝えられています。

ですから、ぜひ！　目の前の人を、愛で、親しもうとする気持ちを込めて、優しい言葉を発しましょう。そして話をシッカリと聞きましょう。

それだけで和やかで幸せな関係を築けますよ。

○食事

日本では、食事のときに**「いただきます」**と言います。

お米やお魚などの命をいただくことで、自分は動け、やりたいことができる。

そして天地の恵みや、作物を育てた人や料理を作ってくれた人のおかげをいただいているからこそ食べることができる。

それを改めて思いながら、より心を込めて「いただきます！」と言ってみましょう。

この命があるのは、生まれてから今まで、たくさんの生き物たちが自分のために命を捧げて、命の一部となってくれたから。自分がすでに「実り」なのです。

自分の中に息づいている命を、感じてみましょう。

たくさんの命が自分の中にあるからこそ、自分がある。

そのありがたさを感じながら、味わって美味しく食事をしましょう。

たくさんの命が集まっている、この体を愛しみましょう。

そうすると、食べ物が、もっともっとこの体が元気になるように働いてくれますから！

○仕事

縄文時代は、仕事といえば、食べ物をとったり、道具を作ったり、家を作ったりと「生きること」と直結していました。

そして自分のやったことが、一緒に暮らす人の役に立つことが分かっていたので、おのずと心を込めていたことでしょう。

けれど今は分業制になって、「自分は会社の歯車の一部」とか、「仕事とは、お金のために自分の時間と労力を切り売りするもの」と思っている人も多いもの。

そうすると、「お金のために我慢しないと」と思って仕事をすることもありますよね。

それは、貨幣経済だと仕方がないところもあります。

でも私たちは、「好きな仕事を自分で選べる」「外国にだって行きたいところに行ける」

という、人類史上、今だかつてないくらい自由度の高い時代を生きているのです。

だから、「お金のため」に生きるのはもったいない！

仕事だって、自分がより楽しく、幸せになるためにしましょう。

「生み出すことがしたい」「人の顔が見える仕事がしたい」と思っていたら、職種を変えるのもありです。

職種や職場が変わることで、「こんな世界もあるんだ！」と目が覚める思いをする人はたくさんいますよ。

また、「長く勤めているので転職はもう」ということでしたら、**「心を込める」**だけでも変わります。

いつもの相手にも、より心を込めて伝える。聞く。

「こうしたらより役立つかな」と感じることを、仕事にプラスアルファする。

それだけでもやりがいが変わりますし、相手も少しずつ変わっていくでしょう。

自分の命と多くの時間を使っている「仕事」。

自分のために、仕事をしましょう！

○お風呂

一日の疲れを癒すお風呂。ぜひ、「シャワーで汗を流すだけ」ではなく、湯船につかりましょう。温かいお湯につかる心地よさは、体感を一瞬で「心地よい！」に変え、自分の周波数をグンと上げてくれます。

心地よさを感じていると、思考も静かになります。

良い香りの入浴剤を入れたら、嗅覚の心地よさもプラスされるので、ますます気分が良くなりますよ。

そして体の血行が良くなって体のコリがほぐれ、リンパ液が巡ってむくみが取れ、肌の毛細血管もイキイキしてお肌もプルンとし……といいことずくめ。

さらに体を洗うときは、**「マイボディ愛でまくりタイム」**です！

石鹸を泡立てたら、泡を手につけて、体の隅々まで自分を撫でまくり、愛でまくりましょう。触れる手、触れられる肌、その両方の心地よさを思いっきり感じましょう。

そのときに「いつもありがとうね〜！」と伝えていたら、お肌も細胞もぴちぴち喜びます。バスタイムは、神である自分へのご褒美タイムなのです！

○スキンケア

顔を洗った後のスキンケアタイム。これも自分との対話のスペシャルタイムです。

化粧水を顔につけながら「可愛いね〜」「きれいね〜」と心を込めて伝えましょう。

両手で頬を包みながらしばし「ありがとう〜！」と伝えると、きっと内側から何かわき上がってくるものを感じられるでしょう。

「自分を愛しみ、可愛がる。心から感謝して、気持ちを送る」

体は、「自分だけのもの」ではなく、自分の意識と「見えない大いなる力」の共有物。

自分のために働いてくれる、この奇跡のプレゼントを、思いっきり愛でてください！

○就寝

就寝する前、少なくとも30分前からは、スマホやパソコンのブルーライトを浴びるのをやめると、脳が落ち着きます。

そしてベッドに入ったら、片足ずつ曲げて左右に倒したり、伸びをしながら左右に体を曲げたりと軽いストレッチをして、１日の体のゆがみをリセットしましょう。

そして、今日あった楽しいこと、明日しようとする楽しいことを想いましょう。

「心配事」を想うと、頭が冴えてきてしまいます。

そんなときは、思考をクリーニングするイメージワークをするのがおススメです。

モヤモヤする思いがあったら、吐く息とともに自分の足裏から要らないエネルギーが放出されるイメージをします。そして吸う息とともに頭のてっぺんから光のシャワーが注がれて体中に光が満ちるイメージをしてみましょう。

自分のエネルギーを浄化、リセットするとともに、エナジーチャージができますよ。

あとは、今日一日、命を使えたことに感謝しながら、手足の温かさを感じましょう。お腹が冷えていたら、温かい手のひらを乗せて、ぬくもりを感じましょう。

そうして、思考を静かにして体の心地よさを感じているうちに、スヤスヤ、夢の中。

スッキリした目覚めと新しい朝がやってきます！

幸せな人間関係を作る自分になる

人間関係がうまくいかなくなるのはなぜ？

縄文時代だって、やっぱり人間ですから、ケンカもするし、争いごともあったでしょう。

けれど、人の心を感じることに今よりも敏感で、所有の意識がなかったら「自分さえよければ」という欲も薄いだろうし、それぞれができること、得意なことをするので、「あの人はいいな」と妬むことも少ない。

そして、目の前の人を愛しみ、心を開いて親しみ、一緒に楽しんでいたら……。

今よりも人間関係は良さそうですよね（笑）

けれど現代は、そうはいかないもの。

「感じる」のではなく「考える」し、「自分」と「他人」とが分離しているので、人との比較や損得をつい考えて、親しむことが後回しになっています。

私は人間関係のつまずきの根底にあるのも、損をすることや傷つくことなどの**「失う怖れ」からくる、「不安と怖れと思い込み」**だと思っています。

それがあるから、「あの人はいいな」と比較したり、「こう思ってほしいけれど、嫌われたら」と怖れたり、「うまく対処できなかったら」「悪く思われたら」とマイナスなことが起こることを心配したりして、人とうまく接することができなくなってしまうのですね。

「人のせい」じゃなかった？

それだけではないのです。

「あの人がこうだから、自分はこうなるんだ」「あの人と自分は考えが違う」と思っているときや、自分の「こうしたい。こうしてほしい」という欲求と、相手の「こうしたい。こうしてほしい」という欲求がぶつかるときも、**自分の中の「不安と怖れと思い込み」が**

原因ということがあるのです。

私は長らく、冬の暖房問題で、旦那さんとやり合っていました。

旦那さんは、暖房を強くしてほしい。

けれど私は、温かい服装をすれば、そんなに強くしなくていい。

そんなお互いの欲求がぶつかっていたのです。

その間私はずっと、「燃料資源を浪費する、エコでない向こうが悪い」と思っていました。

けれどあるとき**「トラブルの原因は、相手のせいではなく、自分の中の、『不安や怖れや思い込み』にあるのではないか?」**と思って、自分の心を見つめてみることにしたのです。

そうしたら……。

「地球のためにもエコでないと」「エコのほうがいいことなんだから」などというカッコイイ思いの奥底に、別の思いがあったのです。

それは、**「暖房費が高くなったら、お金がかかる」**。つまり**「お金が減るのが怖い」**という、自分の怖れがあることに気づいたのですね。

エラそうなことを思っているつもりでしたが、本音は、「お金がなくなる怖れ」だったのです（苦笑）。

そして、**「自分が思っていることが、自分の見る現実になる」**という法則どおり、「お金が減るのが怖い」という思いを喚起するように、「旦那さんが暖房を強くして、暖房費を高くする」という現実を見ていました。まさに法則を実体験していたのです。

でもこの法則を生かせば、現実を変えることができるはず。

つまり、私の「お金が減る怖れ」がなくなれば、旦那さんの行動も変わる、ということになりますよね。

それで、「お金が減るのが怖い」という思いを手放すワークをしてみました。

そうしたら……。

旦那さんが暖房を強くしても、ビックリするくらい気にならなくなったのです！

それで暖房に関して私が文句を言わなくなったら、もちろん旦那さんも文句はありません。逆に何も言わないのに、自分から暖房の温度を下げてくれるようになりました。

だからそれ以来、暖房問題で争うことはピタリとなくなったのです。

これは使える！　と気がつき、人間関係でのトラブルや、モヤモヤを抱えているクライアントさんたちに、それぞれ自分の中の「不安や怖れや思い込み」を見つけてもらいました。

すると、出るわ出るわ……。

お子さんのことで悩んでいた方には、「自分が迷惑をかけられるのでは」という怖れがありました。

また、仕事の受注が少ない方には、「自分は実力がないのでは」という不安がありました。

つまり、**「そう思っていたから、それを思わされる現実を見る」**ということを経験していたのです。

それで、「手放しのワーク」をやっていただいたら……。

皆さまから続々と、「変わりました！」という嬉しいご報告を受け取ったのです！

不安や怖れや思い込みがあっても、「本当にそうなるか」なんて分かりません。

それなのに、「そうなったら」と思い込んで、それに縛られて、「望まない現実」を見ていたらもったいない！

思い込みでいっぱいの頭の中を軽くして、縄文人のように、感性を爆発させて毎日をイキイキ生きるために、「不安や怖れや思い込み」の手放しをしてみませんか？

不安や怖れや思い込みの「手放しワーク」

望まない現実を起こしたり、人間関係を悪くしたり、自分の行動を怖れによって制限してしまうこともある「思い込み」は、頭の中で自分が作っているエネルギー。

ですから、自分で手放すことができるのです。一緒にやってみましょう！

Step1. 心の中にモヤモヤした思いが起こったら、楽な姿勢をして目をつぶります。
そしてモヤモヤした思いが、自分の中のどんな「不安や怖れや思い込み」なのかを見つめてみましょう。

例えば、お金を払うように言われたときに起こったモヤモヤなら「お金が減る怖れ」。そうしたら、イメージの中で、自分の体の中にある「お金が減る怖れ」を、両手を使って、胸の前にズズズズイッと、引き出していきます。

Step2. 引き出したものがどんな色、どんな形、どれくらいの重さかを、イメージの中で体感してみましょう。

ギザギザ、どろどろ、岩のよう、灰色だったり黄色かったり、人によってさまざまでしょう。それを「自分の中から取り出した」と感じることが大事です。

そして、「もっと出てくるはず」と思って、さらに自分の中から引き出していきましょう。根深い怖れは、自分の細胞レベルにまで染み込んでいますよ！

Step3. 取り出しきったものを抱えたら、向こうのほうに、太陽が輝いているのをイメージします。太陽はすべてを浄化してくれます。

抱えたものをエイッと太陽に向かって投げつけましょう。それがヒューッと太陽に吸い込まれていって、打ち上げ花火のように大爆発するのを見てください。

思い込みは太陽の炎で、きれいに浄化され尽くします。


Step4. 太陽から、キラキラとした光の粒がたくさん飛んできて、自分の体の上に降ってくるのを感じてみましょう。それは、「大丈夫」という、すべてを大肯定してくれる、自分の本質である「見えない大いなる力」のエネルギー。自分はもともと大いなる存在なのです。

「大丈夫、大丈夫、大丈夫」とつぶやきながら、光が自分の細胞一つ一つまで光で包み、輝かせるのを味わい、感じます。

感じきったら、ゆっくり目を開けましょう。どんな気持ちがしますか?


この「手放しワーク」は、自分の中にある「思い込みのエネルギー」をスッキリさせることができる、とてもパワフルなワークです。

これをすることで、「前よりあの人が気にならなくなりました」とか、「なんだか、この頃うまく付き合えていますー」とか言う方がたくさんいるんですよ。

とはいえ、スッキリした気になっても、根深いものはまだまだ染み込んでいます。

「モヤっとしたら、すぐに『手放しワーク』をすること」を何度でもやってみてください。

自分の思いが変わると、自分に起こる現実も変わります。

ですから次第に、「それほど気にすることはなかったな」「何とかなるんじゃないかな」と思えるようになってくるでしょう。

ぜひ試してみてください！

初対面の人と仲良くなる秘訣とは？

自分の中の思い込みや怖れがスッキリしていくと、自信を持てるようになったり、人に対する抵抗感が減ったりしていきます。

そうすると、心地よい人間関係を築きやすくなるんですよ。

人間関係も、縄文感性の「感じる」「愛でる」「親しむ」「楽しむ」を心に留めておくとスムーズになります。

特に、初対面の人と仲良くなりたいときに有効です。

何かの集まりで知らない人たちと会うときや、人を紹介されたとき、「どんな人かな？」「自分のことをどう思われるだろう？」と心配な気持ちが先立つかもしれません。

けれど、心配な気持ちを持ちながら人と会うと、相手にもその心配や緊張が伝わって、「あまり歓迎されていないかな？」と思われてしまうこともあるんですよね。

なので、初対面の人と仲良くなりたかったら、**「どんな人か感じよう。愛でよう。親しもう。そして楽しもう」**としてみるのもおススメなのです。

それを一言の行動で表すとしたら、

「まず自分から好きになってしまう！」です。

80億も人類がいるのに、こうして会えたのは、相手がどんな人であろうと、自分とご縁があるからこそ。

だから**「お会いできて嬉しいです！」**と、満面の笑みにのせて言いましょう。

すると相手にもその嬉しさが伝わるんですよ。

私はリラクゼーションサロンを経営しているときに何千人もの方にお会いしましたが、その気持ちでいたおかげか、いやな感じの方とお会いすることはありませんでした。

人というのは、自分の合わせ鏡。

「鏡に映った顔を笑顔にしたかったら、まず自分が笑顔になること」という言葉もありますが、こちらから先に好きになったり、感じよくしたりすると、「感じがいいな、好きだな、何かしてあげたいな」と思われやすくなるのです。

もちろん、職場や家族といった、「いつも会う人」にも有効です！

「受け入れ力」で魅力をアップ！

人の魅力というのは、見た目の良さからくるものもありますが、感じから伝わってくる「人間的魅力」もありますよね。

「この人、なんか好きだなぁ。親しくなりたいなぁ」。そう思われる人は、嫌なことをされないので、人間関係のストレスもないし、いつも周りの人と仲良くいられるし、自分のことを聞いてもらいやすくなったりもするでしょう。

そういう魅力がある人になろうではありませんか！

そのためにまず身につけたいのが**「受け入れ力」**なのです。

自分のことを批判せずに受け止めて、認めて、さらに褒めてくれたりしたら、その人を好きになってしまいますよね。

受け入れ力は**「受け止め力」「言い換え力」「褒め力」「認め力」**で育っていきますよ。

○受け止め力

話していると、「エッ、それは受け入れられない！」と思うことはありませんか？

するとつい、「ダメだよ」とジャッジしたり、「そうじゃなくて」と否定したくなったりするのですが、人というのは否定や拒絶をされると、心を閉ざしたり、敵意を向けたりすることもあります。

それに、こちらの思い違いとか、相手もそんなつもりじゃなかったということもありますよね。

だからそういうときは、否定する代わりに、こう言ってみましょう。

「そうなんだ」。

まずは受け止めるのです。

「そうなんだ」「なるほどね」と聞いていると、相手は「受け止めてもらえている！」という気持ちになるんですよ。

そして、「ダメだよ！」とジャッジする前に、こう思ってみましょう。

「そういう考え方もあるよね」。

今は多様性の時代。価値観も変わっています。

自分の価値観には合わなくても、「そういう考え方の人もいる」と受け止めと、相手を否定せずにすむので、ストレスも減るのです！

○言い換え力

受け入れられないときというのは、「あの人って、いい加減だよね」「身勝手だよね」と、マイナスな感想を持つからでもあります。

でもマイナスなことは、コインの表裏。裏を返してみると、

・いい加減⇓執着やこだわりがない

・身勝手⇓マイペース、自分の欲求に素直

といった、プラスにすることもできるのです。

「いい加減でダメな人」は認められなくても、「執着のない軽やかな人」なら、ちょっと認められそうではないですか？

そんなふうにして、苦手な人の個性を、言い換えによってプラスに認めていくと、否定できなくなります。

すると嫌いな人が減っていきますから、自分の「愛」を発揮しやすくなるんですよ。

○褒め力

迷惑をかけられたりすると責めたくなるものですが、責める代わりに、相手の心を開かせて、さらに良い面を引き出すことができる能力があるんですよ。

それが「褒め力」。

例えば、待ち合わせをしていたのに、相手が寝坊して遅れてきたとします。

「後の予定があるのに！」と責めたくなりますが、その代わりに、「○時に起きたのに、早く来られたね、急いだでしょう」と、**遅刻はしたけれど、「良いところ」を見つけて褒めるのです。**

責められる代わりにこう言ってもらえたら、ホッとするし、嬉しくなりますよね。

きっと、素直に「ゴメン」と謝れるし、イヤなムードになるはずの時間を、笑顔と感謝の時間にできるでしょう。

また、「いいな」と思うことがあったら、ぜひ声に出して伝えましょう。

エスパー（死語？（笑））ではないのですから、

「言わなければ伝わらない」「伝えたほうが早い！」のです。

以前、ランチ会をしたとき、参加者の一人が、お給仕の方に「すっごく良い笑顔ですね！　思わずお伝えしたくなっちゃって」と言ったのです。

そうしたら、言われた方の嬉しそうな顔といったら！

いつもの仕事であっても、喜ばれて評価されたら、嬉しいし自己肯定感も上がるだろうし、その日はすごく良い日！　と思うかもしれません。

それに、そんなふうに言ってくれる人は、好きにならずにいられませんよね。

ほんの10秒ほどの言葉にもそれだけの力がある、「褒め力」の威力は大きいですよ！

○認め力

さらに、**「できていることを認める」**ということができると、グッと人間力が上がります。

失敗して、「どうしよう、怒られる！」と思っているとき、**「いつもはやっているよね」**とか**「ここはできているよね」**とか言ってもらえたら、失敗を悔いていたらなおさら、ホッとして、嬉しくなるでしょう。

「認め力」がある人は、ファンをどんどん増やしていけるのです。

とはいえ、世の中には、人が傷つくことを平気でするような、認めがたい人もいるし、理不尽なことも起こりますよね。

でも、「こうすればいいのに」「こうなるべきなのに」と思っても、人は思うようにできないし、ニュースで見るだけで、自分が何もできない出来事のことで悶々としても、自分のストレスになるばかりです。

なので私は、そういうときは、**「誰もが必要な経験をしている。傷つけた人はいつかその帳尻が合う経験をするし、理不尽な目に遭った人も、きっとそれで何か得ることがあるはずなのだ」**と思うようにしています。

そうすると心をザワつかせる人や出来事にのめり込み過ぎず、一歩引いて見ることができるように思います。

そして、もう一つ良いことが。

自分に起こることも「必要な経験なんだ」と思うようになると、覚悟ができているので、けっこうしんどいことも受け止められるようになります。

そうすると、「乗り越え上手」になれるのです！

愛されてしまう人になる秘訣とは？

「受け入れ力」を育てていくと、「この人になら話せる」「この人には心を開ける」と思ってもらえるようになります。

すると、嫌われることも苦手な人も減っていきます。

そうしたら、「愛され力」も身につけて、さらに魅力をアップさせてしまいましょう。

これから先、どんな困ったことや大変なことが起きるとしても、もし自分がすごく好かれて、大事にされて、力になってもらえる人なら、色々なところから助けてもらえるので、何とかやっていけそうではないですか？

そんな**「愛される人間的魅力」を身につけていることが、これから世の中がどうなっても、自分の一番の力になる**と私は思っています。

「愛される人間力」を養うポイントを３つご紹介しましょう！

1．言葉に「思い」を込める

言葉というのは不思議なもので、思いっきり心を込めて言うと、言葉に乗る「力」が変わります。

言葉は言霊です。

それに「思い」や「気」を乗せ、「意乗り（祈り）」にすると、もっと強い力を発揮するようになります。

以前、鎌倉のとあるお寺を参拝したとき、お寺の方が仏像の解説をしてくださいました。それが、私が知らないことばかりでとても興味深かったので、「ものすごく勉強になりました。今日うかがって本当に良かったです！」と心の底から感謝を込めて伝えたら……。「ちょっと待ってて」と言われ、裏に入られたかと思うと、お寺の木から採った貴重なお守りをくださったのです。

思いが乗った言葉は、人を動かすんですね。

「思いを込めて伝えるぞ！」という気持ちで、どんな言葉も発してみましょう。

そうするだけで、「ありがとう」も「いいですね」も「会えてよかった」も、ただの

「言葉」から「祈り」になって伝わり、人を動かし、言った人を好きになる力も倍増するのです！

2．受け取り上手、喜び上手になる

「もっと何かをしてあげたい」と思われる人というのは、間違いなく受け取り上手です。何かをしてあげても、「……どうも」と言う人と、「うわー！　ありがとうございます！」と心からの思いを込めて言う人とでは、やっぱり「うわー！」の人のほうに、「もっと何かをして、喜んでもらいたい」と思いませんか？

人によっては、「受け取ると、お返しをしないといけないから」と、受け取ることに抵抗を感じることもあります。

けれど、ものでお返しをしなくても、**「心からの感謝と喜び」だけで、それはすでに立派な「お返し」です。**

あげるのが好きな人は、お返しを期待するのではなく、あげて喜んでもらえることが、すでに喜びのことが多いもの。

何かをいただいたら、その労をねぎらい、くれたことに心から感謝して、後日それを食べたり使ったりした感想を心を込めて伝えたら、もうそれが**「喜びのお返し」「幸せの循環」**になるのです。

ありがたく受け取って、心を込めて喜びを伝えましょう。

たくさんの喜ぶことがやってきますよ！

3.「喜ばせ力」を発揮する

受け止め上手で、褒め上手、認め上手な温かい心をもち、言葉に思いを込めて伝え、受け取り上手で喜び上手な人は、人から間違いなく好かれます。

そして、存在自体がパワースポットになることでしょう。

そうしたら、もっともっと自分の愛を周りに発揮していきましょう。

それは**「喜ばれるために自分にできることは何かな？」**と思い、行動していくこと。

お金をかけることでなくてもいいんですよ。

喜び上手になることや、「もっと話を聞いてもらいたそう」と感じたら話を聞くのも、素敵な「喜ばれるために自分にできること」です。

しんどそうな人に席を譲ったり、「これがあったら役に立つかな」と思うものを持参したり。

クラウドファンディングで応援したり、頑張ってほしいお店に行って買い物をしたりするのも良いですよね。

ちなみに私の父の得意技は、外に食事に行くと、決まって給仕や会計の方に、名札で名前を確認して**「〇〇さん、いい笑顔してますね」**と言うこと。

こんな小さな一言でも、さらに笑顔が生まれたり、楽しい会話のきっかけになったりするんですよ。

そもそも人や、宇宙の本質というのは「愛」なのでしょう。

だから「喜ばれることをすると心地よい」のですよね。

喜ばれることをすると、相手は嬉しかったり助かったりして、喜びが生まれます。

そして自分も、「自分いいぞ！」と自己肯定感が高まるし、嬉しくなります。

人に喜ばれることをすると、自分一人が喜ぶのよりも、２倍の喜びを世界に放つことができます。

それで気分が良くなった人が、誰かに喜ばれることをして、またそれが連鎖して……となったら、世界に喜びがどんどん増えていくでしょう。

ただ、一つ注意点があります。それは**「お礼を期待しないこと」**！（笑）

期待をすると、外れたときガッカリするし、「もうやめた」と思ってしまいます。

だから、自分で自分を「よくやった！」と褒めて、いい気分になればいいのです。

それに相手から返ってこなくても、**すべてのものは循環していますので、自分の放った「優しい気持ち」は、間違いなくいつか、ご縁や幸運などに形を変えて返ってきます。**

それに、「いいことできたなー」と一人でいい気分になっているだけでも、体が元気になる幸せホルモンが出るので、健康に良いんですよ！

愛される人間的魅力を養い、軽やかに、どんどん喜ばれることをしていきましょう。

それが、好かれるし、助けてもらえるし、自分の人生も豊かになるしで、何があっても大丈夫な、幸せの循環の中にいられる秘訣です！

スルー力を身につける

ただ、いつも幸せの循環の中にいたいけれど、「ズキーン」とすることを言われて落ち込んでしまうこともありますよね。

面と向かってはなくても、今のご時世は、SNSを通じて見知らぬ人からもメッセージを受け取れるので、時にはショックなコメントをもらうことがあるかもしれません。

私も20年以上ブログを続けているので、身が縮むような思いをしたことがあります。

でもそれで気がついたのです。

コメントや、相手の言うことは「ただの感想」なのだと。

敵意や悪意を感じることもありますが、**「その人は、そう思った」**。それだけなんです。

とげとげしいのは、単に虫の居所が悪かっただけかもしれません。それにその人は、自分のすべてを知っているわけではなく、一部分だけを見て「そう思った」だけ。

もし参考になることがあればありがたく聞けばよいのですが、そうでなければ、よく知らない人がちょっと思ったことに、自分の心を占められ、支配されてはもったいない！

なのでまずは、**「ほぉ〜、こう思う人もいるんだな、なるほど」**と受け入れてみます。

そしてそれ以上の思考はストップさせてみると、しばらくはイヤな感情が体を渦巻いていますが、やがて落ち着いて消えていきます。

感情の作用はホルモンの働きなので、思考を巡らせることで燃料を投下しなかったら、時間が経つと消えていくのです。

でも、「なんでこんなことを言われるのか」「私はどう対処したらいいのか」という責める気持ちや悩む思考が止まらなくなったら、歩き回ったり、お茶を飲んだり、その場ジャンプをしたりして、体感に意識を向けましょう。思考を鎮めましょう。

そして、**「この人が思っているだけ。この人はこの人。私は私」**と、その人が思ったことは認識しても、自分の中には入れすぎず、流していきましょう。

その人の感想を引きずるのも、引きずらないのも、自分が決めていいのです。

また、「わざわざ言ってこなくてもいいじゃない」と思うこともありますよね。

そんなとき、私がしているのは、**「私が受け入れ上手になる訓練をするために、ワザワ**

ザ『マイナスの恩人』になってくれたのかな」 ととらえることです。

「マイナスの恩人」というのは、自分にイタイ思いをさせることで気づかせてくれる、イヤだけれどありがたい、でもムリに好きにならなくてよい（笑）存在のこと。

「マイナスの恩人」というのは、ちょいちょい現れます。

また、「あ、私には『好かれていないんじゃないか』という不安があったんだな」と気づいたら、「手放しワーク」（Ｐ１２６）で手放してみるのもいいですね。


誰でも「自分のことをよく思ってほしい」と願うもの。

でも自分にだって、苦手な人や受け入れられないことはありますよね。

その人の思うことは止められません。だから自分のスルー力を発揮していきましょう。

コメントをたくさんもらう私の友人は、**ネガティブなコメントは「ラブコールの裏返しだ」** と言っています。

「つまらない」は「とっても気になる」、「あなたみたいな人はいなくなればいい」は「あなたは私のなくてはならない人」と、意味を逆に変換する遊びをして面白がっています。

そうやって気にしないでいることが、気になることを減らしていくコツだそうですよ！


人類は80億人もいるのですから、合う人も合わない人もいるのが当たり前。

合わない人もいますが、今の時代は、ネットを通じて同じものが好きな人とつながれるし、自分の「好き」を発信することで、共感してくれる人ともつながれるのです。


好きなこと、愛でること、親しみを感じること、思いっきり楽しめること。

それにまつわることをやったり、発信したりして、つながっていきましょう。

受け入れ力や愛され力がある人間的魅力があれば、色々なところで良い関係を作れるので、人生がもっともっと豊かになっていきますから！

どんなときも幸せなメンタルになるには

トラブルが起こった！　そのときどうする？

昔のように、食べるものや住むところに困ることや、病気になったらなすすべがない、ということは少なくなった今ですが……。

経済や年金の先行きの不安。

突然の伝染病でいろいろなことが制限されること。

大災害が起こる予想……などなど。

「この先、困ったことが起こるんじゃないか」という不安は、誰しもが持っていることでしょう。さらに、そんな「いつか」のトラブルだけでなく、事故や病気だったら、「急に起こる」ことだってありえます。

実は私にもありました。

でも私は、それでたくさんのことに気づいたおかげで、**「これから何が起こっても、何とかなるんじゃないかな」**と思えるようになったのです。

なので、まずはその経験をご紹介させてください。

私に起こったのは、「急ながん告知」でした。


羽黒山の「現世」、月山の「前世」、湯殿山の「来世」、この三世の浄土をお参りすることで、よみがえりと再生を願うという「出羽三山」の旅をしていたときのことでした。

お通じを良くしようと下腹部をマッサージしていたら、しこりがあるのに気がついたのです。

良性の子宮筋腫だろうと思ったものの、「一度くらいは今まで行ったことがない婦人科で診てもらうか」という気になって、検査を受けて結果を聞きに行ったら……。

なんと「卵巣に悪性腫瘍の疑いがあるので、卵巣と子宮を切除するための手術の日を、

3週間後におさえました」と言われたのです!

まさに青天の霹靂、「がん告知は突然に」です。

自分は健康だと思っていて、会社を辞めてから約20年、市の健康診断でさえ一度も受けたことがなく、またその3年前にアラフォーを過ぎて結婚して、「遅すぎるけれど、奇跡が起こったら妊娠も」と思っていたので、本当にショックでした。

さらにがんについての情報を調べ始めたら、これがまた玉石混交で膨大で。

告知のショックだけでなく、自分がこれからどうなるかという不安、そして「いつか」と思っていた「死」すら、こんなに急に身近になるのだと、感情と情報の波に翻弄されまくる日々が始まりました。

しかも手術をしたとき、5時間超えの手術の間に足を動かされなかったために、足がマヒして歩けなくなる後遺症が出て、それも治らないうちに抗がん剤治療が始まり……と、初めて経験することが怒涛のように襲いかかってきたのです。

でも、その荒波の中で、私を支えてくれた考えがありました。

それは、それまで15年以上、「自分らしく幸せに生きる」ということを本やブログで伝え続けてきた私の根底にあった、

「自分に必要なことしか起こらない。起こったらそれは、魂レベルで、『より幸せになるために必要なこと』と決めていたから」

つまり、

「自分に最善のことが起こる」

という考えだったのです。


この考えの良いところは、「なんであのとき……」と後悔して、現状否定にエネルギーを使う代わりに、

「起こったのなら、それは必然で最善。ではどうするか」

と、**「これによって、より幸せになるには」**ということにエネルギーを向けられること。

さらに自分と「見えない大いなる力」がつながっていると考えてみるなら、**「魂レベルの自分が、大いなる力を使ってその状況を作り出した」**ということになります。

そう思うと、これが起こったのは、バチでも運が悪いのでもなく、ただ、**「より幸せになるために必要なこと」**だから。

なので過去の自分や誰かを責めなくても良くなるのです。

もちろん、つらい経験なんてしたくありませんから、「こんなこと、自分が自分のために起こすわけない」と意識のレベルでは思っています。

けれど、私の場合、まだ初期のタイミングで発見できたこと。

「このときだけ」婦人科に行ってみようと思ったこと。

足の大切さを心底思い知ったら、リハビリの先生に「半年以上の長いお付き合いになりそうですね」と言われたのに、それから1か月で回復したこと……。

様々なことが、自分のためにうまくいっていることに気づきました。

そして**「キャンサーギフト（がんによって受けられる恩恵）」**として、家族の絆や体の大切さなどを改めて知ることができたことを考えると、やっぱり**「より幸せになるために必要な経験だった」**と確信しています。

さらに私は、このことで、**「どんなトラブルもこう考えたら軽やかになる！」**という面白い方法を発見することもできたのです。

この世は「体験型エンターテインメント」！

それは、**「この世は『体験型エンターテインメント』」**と思うことでした。

手術なんて、健康な人だったら決して体験できないスペシャルなこと。

だったら、せっかく得た機会を、ヒロイン気分で味わい尽くしてやろうじゃないか！

頭にキャップをかぶり、腕に点滴の針を刺され、車いすにのせられ、医療ドラマで見た丸いライトがある手術台に、「うおお、自分がこの身をもって乗ることができるんだ！」

手術後は、「す、すごい。お腹にバッグが付いた針を刺されて、腹水を抜かれている！」「体に9本も管や機器がつながれている！」「これが、マズイと噂の病院食か！」……。

もちろん、人生で初めてである大手術に対する不安もたくさんありました。

それに「足がマヒして歩けない」なんて、手術同意書にも書いてなかった副作用です。

また「この先どうなるか」も、人はどうであれ、自分がどうなるかは分かりません。

不安なことを考え出したら、切りがないのです。

でも、「縄文感性」の一つである、「楽しむこと」の力は大きいです。

「体験できることを楽しもう。面白がってやろう」としてみると、自分が「不幸な出来事に翻弄される可哀そうな人」ではなく、**「なかなかできない体験にチャレンジする主人公」**になれるのです。

それに、「起こることが最善」なら、この滅多にできない体験だって、「最善」のはず。

だったら、やせ我慢でも面白がってやろうと思いました。

それで、抗がん剤治療を、**「選ばれし人しか受けられない『体内浄化スペシャルプログラム』」**と銘打ち、副作用は「特典」と名付けました。

それで、ハゲた頭も、「ウイッグでしかできないヘアスタイルを体験できる！」と、茶髪や金髪のロングヘアーに初挑戦したら、本当に面白く、楽しくなってきたんです。

さらに、「おお、爪が黒くなった」「味覚障害来たか！」「え？　5分歩いただけで、なんでこんなにしんどいの？」ということも、「これがずっと続いたらどうしよう」という不安もありましたが、それでも「めったにできない体験だ！」と思っているうちに、抗がん剤治療が終了し、副作用もすべて消えていきました。

そして5年経過してもがんは再発していません。

この**「トラブルを面白がる」**という経験は、コロナが起こって仕事や行動が制限されてしまったときにも、生かされました。

「未知の病原体で街がロックダウンなんて、ハリウッド映画みたいだな」と、「体験型災害エンターテインメント」の登場人物になった気分でいたら、「怖い」というよりも、どんなことが起こるのか、人はどんな行動をとるのか、自分はどんな気分になるのかという、少し「面白がる」ような気持ちで過ごすことができたのです。

さらに、**「起こることは最善」**と思ってみたら、コロナのおかげで、オンラインでセッションやイベントをするようになって、遠方や海外の方とも活発にやり取りできるようになったことなど、**「より幸せになるために必要なことだった」**を思うことも色々ありました。

もちろん、企画や予定がたくさん中止になり、「あれさえなければ」と思わなかったわけではありません。けれど、それでも。

何かが起こったとき、

「起こらないこともあったのに、起こったのなら、それは自分がより幸せになるために必要な、最善のことだったから」と決めてしまう。

そして、楽しもう、面白がろうとしてみる。

それは、トラブルを軽やかにして、乗り越えやすくするのに役立ちますよ！

大災害が起こるかも。そのときどうする？

「大災害が起こる」という予測や噂もありますよね。

日本は地震国ですから、いつどこで大きな地震が起きるか分かりませんし、色々な人が色々なことを言っていますから、結局どうしたらいいか分からなくなってしまいます。

このことについて私は、

「被災の度合いは、その人が災害で経験する必要があることによって変わる」と思っているのです。

災害に遭って、家や大切な人を失う、という大きな経験をする人もいます。

けれど同じような場所に住んでいても、それほどでもない人もいます。

その差は、運がいいとか悪いとか、ましてや天罰とかでもなく、その人が**「魂レベルで災害によって何に気づきたいと望んでいるか」**によるのではないかと思うのです。

もし自分が、「最も大事なものに気づきたい」とか「抱え込んでいるたくさんのものを手放したい」とかの望みが魂レベルにあったら、「災害によって強制的にたくさん失う」という経験をすることもあるでしょう。

でも、災害ではない形で気づきたいと望んでいたら、災害ではそれほど被害を受けないのかもしれません。

もちろん意識の上では「大きな被災なんてしたくない」と思っていますし、災害によって、運命が悪いほうに行ってしまった、と思うこともあるでしょう。

でも、災害によって会うはずのない人と出会って結婚したり、災害がきっかけとなって新しい仕事を発展させたりする人もいるのです。

だから、災害に関しては、自分が「ひとまず安心」と思う備えをしておくのは大前提ですが、あとは、**「ひどい災害に遭うか遭わないかは分からない。でも起きることは自分にとって最善のことだから、そのときに自分のできる精いっぱいをやろう」**と思うこと。

そして**「どんなことも面白がってやろう！」**という思いでいることを、災害に対して質問されると、私はお勧めしています。

そしてもう一つお勧めしているのが、**「いつも自分の内側を感じ、つながること」**です。

人が「こうしたらいい」と言っていることではなく、直感によって、ふと「これを買っておこうかな」「これを準備しておこうかな」と心に浮かんだことは、自分限定で必要になる可能性が大のことが多いです。

「気のせい」と見過ごすことなく、実行しましょう！

縄文人の生きるうえでの不安は、自然災害や襲ってくる獣など、今よりもケタ違いに大きかったはずです。

でもきっと、**「自分の感覚を大事に、今できることを精一杯」**やっていたと思うのです。

未来には、良いことも悪いことも起きるでしょう。

でも心配すればするほど「心配することが起こる現実」を見ることになります。

だから、**「あれをしておけばよかった」と後悔することがないくらい「今」を納得して生きること**も、きっと「未来の自分に起こること」を変えていくと思っています。

この先のお金の心配があるときは?

「怖さ」というのは、「命の危機」を感じるときが一番強いものです。

だから、「お金」＝「生活」となり、「お金が減る」＝「生活に困る」ということと直結している今の貨幣経済では、「お金が減る」ということに強い怖れを感じるのは当然のことでしょう。

さらに「老後資金は２０００万円必要」とか「老後資金が無くなって困ってしまった」という記事を読んだりすると、「貯金のために節約しないと」とか、「新型ＮＩＳＡで投資して増やさないと」とか思うこともあるかもしれません。

ただ、試算はあくまでも試算。

それぞれの人の状況にもよるし、年齢が上がったら出かけることも減り、それほど食べられなくなることも考えると、試算がすべてではないんですよね。

縄文時代はお金がありませんでした。でも住んで食べて暮らしていました。

すごくシンプルに考えたら、人は寝るところと食べるものがあれば生きていけます。そして「つながり」があれば、助けてもらえるし、生きがいにもなります。

もちろんお金があるからこそ対処できることはたくさんあります。

けれど、今から健康な体を保つように励んでいたら、医療費も施設に入るお金も要らず、タクシー代も使わなくて済むかもしれません。

さらに愛される人間的魅力を養っていたら、頼り頼られながら人と楽しく交流でき、一人で頑張らなくてもやっていけるかもしれません。

また、よく味わって大食いせず、庭やプランターで食べられる青菜を育てたり、服はリサイクルショップのものを楽しんだりしたら、それほどお金を使わずにやっていけるんじゃないか？　と思うようになってから、私は自分の老後がけっこう怖くなくなりました。

それに「やってもらおう」とするとお金が要りますが、「自分でやろう」「やってあげよう」としていたら、お金を使わないし、逆に入ってくるんですよね。

もちろん、「最悪の事態」が起こる可能性もありますが、可能性に備えるお金は、いくら心配しても切りがないもの。

それにたくさん貯めていても、貨幣価値が変わってしまったら価値が半分になることもあるし、投資をしてもリーマンショックのようなことが起こる可能性もあります。

逆にベーシックインカムが始まって、毎月お金が入ってくる可能性だってないわけではありません。

せっかくできることがたくさんある時代に生まれているのに、お金の「数字」にとらわれすぎて、お金のために生きるのはもったいない。

お金も大事ですが、自分の健康を守り、「人間力」を育てることも、今しておくべき、未来への重要な投資になると思いますよ！

お金を喜びに変える使い方とは？

とはいえ、私たちはお金で損した得したと感じ、収入で自分の価値が上がったり下がったりしたように感じてしまうもの。

だから、お金が減ることを、「幸せが減る」「自分の価値が下がる」と思って、怖くなってしまうのです。

けれど、「お金」を、ある別の言葉に置き換えると、使うこと、減ることが怖くなくなるんですよ。

その言葉とは**「しあわせの種」**。

「今日は『しあわせの種』でほうれん草を買った。何を作ろうかな？」

どうでしょう。なんだかそのほうれん草を食べたら、すごく幸せになれそうな感じがしませんか？

「仕事をしたお客さまから『しあわせの種』を受け取った。この種をどこに蒔こうかな？」

そう思ったら、自分がやった仕事を誇りに思えるし、自分のところにやってきた種（お金）が、自分の応援したいところを幸せにすることができるので、お金を使うことが喜びになりますよね。

この言葉を教えてくれたのは、友人の、「なんでも仙人」シリーズの著者でカウンセラーのみやがわみちこさんです。

この言葉を知ってから、ただプリンを買うのでも、**『しあわせの種』でプリンを買っちゃった！」**と思うだけでウキウキ度が違うようになりました。

そして頑張っているお店に入って、**「私の『しあわせの種』を蒔くぞ！」**と思うと、自分がすごく素敵な人に思えてきます。

そうやって「お金」に対する意味づけを変えることで、お金に対する抵抗感をなくしていきましょう。

すると商売をやっている人は、受け取り上手になれるので収入が増え、商売をしていない人も、お金に対する怖れが減るので、うまく付き合えるようになっていくんですよ。

「お金はしあわせの種」。

使うと減るものではなく、**「自分を通して幸せを巡らせるもの」**。

ぜひこの言葉を使ってみてください！

トラブルを怖くなくするには？

お金がなくなることも災害も孤独も病気も思わぬ困ったことも、トラブルが怖いのは、すべて「失う怖れ」があるからと私は思っています。

でも、「自分に起こることは最善」「自分がより幸せになるために、『見えない大いなる力』を動かしてやったこと」と思うと、**「トラブルが起こるのは、失うためではなく、それによって何かに気づいたり得たりするため」**になりますよね。

するとトラブルは、「失う怖れ」でなく「得る喜び」になります。さらに、**「起こらない可能性もあったのに起こったのなら、それは自分がより幸せになるために必要だったこと」**だとしたら、「自分はこんな困難なチャレンジをする気はない！」ということがあったとしても、きっと**「これで得ること、気づくこと、学ぶこと」**があるはずです。

私ががんになったときに、家族のありがたみや体の大切さを再認識できたように、探してみると、必ず「だからか！」と気づくことがありますよ。

「なんで？」と思う代わりに「だからか！」と思うと悩みは消えていきます。

「不幸」も、「そのおかげ」に気がつくと不幸ではなくなります。

「イヤだな」「なんでこんなことが起こるのか」ということも、戦うのではなく、**「自分のためだとしたら？」**と受け入れて面白がってみませんか？

そうすると、「世界に押しつぶされる」代わりに**「面白がるために起こしたのかも」**と軽やかでいられるようになります。

軽やかでいるということは、「軽やかな未来を見るようになる」ということ。さらに「ない」ではなく「ある」に気づけば気づくほど、幸せを感じる力も強くなります。

自分の世界も未来も、自分で変えられます。

それに今生きている私たちは、何億年もの間の、信じられないほどたくさんの困難の中を生き抜いてきたスゴイＤＮＡをもっているのです。

だから、きっと大丈夫。

そういう、軽やかな気持ちでいきましょう！

自分の答えを「自分の内側」に問いかけてみよう

これから何が起こるとしても、それは「自分がより幸せになるため」。

そしてその答えを**「自分の内側」**が教えてくれることもあります。

何かが起こると、その答えをネットの情報や誰かの意見といった「外」に探しがちですが、そうではなく、自分の「内」に**「自分はどうしたいのか」**と問いかけていくと、内側からふわっと「答え」が浮かんできたりするんですよ。

私は、がんの手術で腫瘍は取ったものの、「細胞レベルのがんが散っているかもしれないから、抗がん剤治療をするのが、標準治療です」と言われたとき、すごく迷いました。

もしがん細胞が散っていなかったら、抗がん剤という、髪が抜けるといった大きな負担がかかる劇薬を体に入れる必要はないのです。

けれど、もし再発したら怖い。そして未来は分からないのです。

医者の友人にも、がんの経験者にも、霊視ができる人にも相談し、それでも迷いに迷った最後の最後、私は自分の内側に「どうしよう」と問いかけてみました。

すると、ふわりと上がってきた言葉があったのです。それはこんな言葉でした。

「経験してみたいんでしょ」。

地球ができてから46億年。もし自分が、何度も何度も生まれ変わりを繰り返していたとしても、「抗がん剤治療」ができるのは、今の時代が初めてです。

この言葉がストンと腹に落ちたのが、私が抗がん剤治療を受けることにした最終的な決め手でした。

そしてこの言葉があったからこそ、抗がん剤治療の終盤、5分歩いただけで息が切れ、正座ができないくらい筋肉が痛んだときも、抗がん剤の害を伝える方に「抗がん剤治療なんてしないほうがよかったのに」と言われたときも、後悔することはありませんでした。

そしてブログで、治療を面白がるコツをお伝えすることで、抗がん剤治療をしている方に「参考になりました」「心が軽くなりました」と言っていただけることにもなったのです。

だからこう思います。

「なんでこんなことが」と思うことがあっても、しっかりと自分に戻って、自分の内側の「見えない大いなる力」とつながったら、自分にとって一番いい答えを受け取れるのだと。

別の人には違っても、自分にとってはきっとそれが一番の答え。

だから、つい「外」の情報に振り回されてしまいがちですが、日頃から「感じること」、「今ここ、自分に戻ること」をしていきましょう。

そうすると、情報も「あ、これは恐怖をあおっているだけだな」「最終的にこれにもっていかせたいんだな」と気がついて、一歩引いて見ることとできるようになります。

怖れを喚起させられて、「やらなきゃ怖いことが起こる」と思うものではなく、「ああ、これをやりたいな」「これがいいな」と心にストンと来るものが、自分に必要なものだと分かります。

さらに、「こうするといい」という、自分を通して、周りの人をも幸せにするアイディアが浮かんでくることもあります。

なぜなら、きっとそれが、「見えない大いなる力」が「自分」を通してやりたいことだから。

私が今年立ち上げた、オンラインでの「幸せな生活術＋研究所」もそうです。

だからそれを実践していると、困ったことよりも面白いことのほうが起こるようになるし、困ったことが起こっても「これもきっと何か良いことのため」と、困難を困難だと思わないようになっていくんですよ。

どんなときも自分としっかりとつながりましょう。

そして、何が起こっても、自分の人生を面白くしていきましょう！

いくつになっても健康で幸せな体の作り方

元気で長生きの秘訣は体の声を聞くこと！

元気でいること。

それは、お金には代えられない、大きな幸せの要素ですよね。

けれど、70年前は男女ともに60代だった平均寿命が、今や80代となり、「健康上の問題で日常生活が制限されることなく生活できる期間」である健康寿命とは、10年ほどの開きが出るようになりました。

でも、せっかく生きているのだったら、ベッドの上で動けずにいるよりは、元気でシャッキリしていたいではないですか。

この世にいられるのは、この体があればこそ。

体が痛んで機能しなくなったら、どんなにこの世にいたくても、いることはできません。

なのについつい、目が痛いのに、面白いからとスマホでもっと動画を見てしまったり。

お腹はいっぱいなのに、付き合いでデザートまで食べてしまったり。

体はガチガチなのに、お風呂につからずに寝てしまったり。

つい雑に扱ってしまうこともありますよね。


でも、道具を乱暴に使っていたら、早く劣化して使えなくなってしまうように、人の体の機能も早く弱ってしまいます。

また疲れが残りやすくなってくると、「トシのせい」と自分を責めてしまうのですが……。

私はそれは、「体本来の声」が聞こえやすくなったからでもあると思っています。

若い頃は、体本来の「こうするといい」という声があっても、体力で打ち消していましたが、体力がなくなったからこそ、「体の声」が聞こえやすくなったのです。

だからこれは、「これ以上無理をしないように」という体の声。

縄文人のように、**「もの言わぬものの声を聞くこと、感じ取ること」**というのは、体にも有効なんですよ。

さらに**「体の声を聞く」**というのは、「どの健康法を取り入れるか」ということにも力を発揮します。

体の不調や衰えを感じると、健康法を試そうとしますよね。

世の中には、何を食べるといい、食べるのは良くない、これをするといい、これをしてはダメ……とさまざまな健康法があります。さらに同じ食材なのに、「これを摂ると良い」「これを摂ると害になる」と逆のことを言ったりするので迷ってしまいます。

でもこれは当然のことで、人には体質や体調に差がありますから、ある人に効いたものが、自分に効くどころか害になることだってあるのです。

だから有名人が勧めていたとしても、自分には合わないのもよくあること。

そんなときにおススメの**「自分に合うものチェック法」**というのがあります。

もし不調があって、それを改善する健康法として、気になるものが見つかったとします。

そうしたらまずは、**「その健康法についてどう感じるか」**をチェックしてください。

「これをしないと怖いことになりそうだから、**やらなきゃ**」か、それとも「これをすると良さそうだから、**やりたい**」か、どちらか。

「やらなきゃ」というのは、頭の思考からくる怖れからで、「やりたい」というのは、心の喜びから来ています。

なので、**「やりたい」と思ったことをやりましょう！**

そして、私は**「継続の３Ｋ」**と呼んでいるのですが、**「きっかけがある」「気持ちがいい」「効果がある」**と自分が思ったものは続きます。

それは、自分に合うし、必要なので、「体が欲しているから」だと思うのです。

私は20年以上、自己流のツボ押しやチベット体操やストレッチを続けていますが、もしやっていなかったら、きっと今の状態ではなかったでしょう。

体は絶えずサインを送っています。

スマホを見すぎて目が痛くなってきたら、楽しいからと見続けるのではなく、「目を離して」という体からのサインです。スマホをしまって、目の周りをマッサージしたり、遠くを見たりして目を休めましょう。

パソコンをしすぎて肩がガチガチだと気づいたら、「体を動かせ」という体のサイン。立ち上がって、腕を振ったり、肩を回したりしましょう。血のめぐりが良くなって、頭の働きも良くなるはずです。

目が「食べたい」と欲していても、お腹の具合を感じてみて、いっぱいだったら、胃はもうノーサンキューというサイン。潔く食べるのをやめ、家にいるのだったら歯を磨いてしまうと、食べたい気持ちがおさまりやすくなりますよ。

「体の声に気づかぬふりをしない」

これは、私が肝に銘じていることです。

お腹のしこりに気づいたとき、痛くもだるくもないけれど、なんとなく「婦人科に初受診してみるか」と思ったことが、「サイレントキラー（静かな暗殺者）」と呼ばれ、なかなか発見できず手遅れになりがちな卵巣がんを初期で見つけられた要因でした。

足のマヒで「長いお付き合いになりそうですね」とリハビリの先生に言われたけれど、「これもするといいんじゃないかな」と思って、せっせと自己流のマッサージや筋トレをしたことも、１か月で回復するのに効いたと思うのです。

もちろん、大きな病気になったら、お医者さんのような「体のプロ」のアドバイスに耳を傾ける必要はあります。

けれど、自分の体は、お医者さんの体ではないのですから、自分にしか分からない、気づけないこともあるのです。

私の友人は、入院中にどうしても違和感があったので再検査を申し出たところ、診察では見過ごされていた血栓が見つかって事なきを得た、ということがありました。

自分がおかしいと感じること、良いと感じること、「こうしたい」と感じること。

そういった体の声を聞くことが、自分に合った、自分の回復と健康を促す、一番良いことだと私は思っています。

「体の声」に、ぜひ耳を傾けてください！

体が衰える一番の要因は？

年齢が上がってくると、「疲れやすい」「重いものが持てない」「動くのが億劫」……。そんなふうに感じて、ついついラクをしたくなりますよね。私もそうです（笑）。

そして、「もうトシだから」と、買い物もネットスーパーで家まで運んでもらい、歩く代わりに車やバスを使い、出かける代わりに、家のテレビで映画やコンサートを楽しむということも多くなっているかもしれません。

けれどそれは……ちょっと危険なのです！

「廃用」というのは、使わない、動かさないという言葉ですが、体を廃用すると、「動けなく」なっていきます。

エスカレーターやエレベーターに乗って階段を使わなくなると、太ももの筋肉はどんどん落ちていきます。

試しに、座るとちょうど膝が直角になるくらいの高さの椅子に座って、片足を上げて、片足で立ちあがってみてください。できるでしょうか？

もしできなかったり、ふらついたりしたら、かなり太ももの筋肉が減っています。これから歩くことがどんどん苦手になっていき、もっと歩かなくなっていくでしょう。

これは「トシだから動けない」のではなく、**「動かさないから動けなくなっている」**だけ。

90歳を過ぎても元気なお年寄りというのは、毎日庭仕事や畑仕事などをしたり、出かけたりして動いている方が多いもの。

それは、**「元気だから動ける」**のではなく、**「動いているから元気」**とも言えるでしょう。

いくら平均寿命が延びても、寝たきりで部屋にじっとしていたらつまりませんよね。

ですから、「イキイキ健康長寿」を目指すなら……。

「思うこと」と「動くこと」を意識しましょう！

「思うこと」というのは、「もうトシだから」とか「○歳だから」と思うのをやめること。

体というのはすごく素直なので、「思い」の自己暗示にすごくかかりやすいのです。

だから、本当はまだまだイケるのに、「もうトシだ」と思って、「こうなってしまうだろうなぁ」と思っていたら、**そうなるように体を変えていくのです。**

ですから、いつもマイナス5〜10歳くらいの気持ちでいて、ファッションも、若々しく明るい気分になるものにするのがおススメです。

これは、「年齢にあらがうイタいこと」ではなく、**「自分の体の可能性を引き出すこと」**なんですよ！

そして、「体を動かすこと」を意識しましょう。

ラクしようかな、と思ったら**「負荷をかけて体力づくり！」**と動いてみるのです。

階段とエスカレーターがあったら、階段を使ってみる。

バス停を、時間があるなら1つぶん歩いてみる。

2階建ての家だったら、用事を作って何度も上がり下がりする。

買い物も運動代わりに行って、そのときお化粧をしたり、服も着替えたりすると、気持ちのハリにもつながります。

負荷をかけることは、自分にムリをさせることではなくて、50歳を過ぎるとどんどん落ちていく筋肉を保持するため、体を廃用させないために一番効くことです。

縄文人は、野に出て動かなければ食べるものを得られませんでしたから、動くことが当たり前でした。

けれど現代では、お金があればそんなに動かないでも生活できることもあるでしょう。でも、ラクをすればするほど、動けなくなってしまうのです。

掃除などの家事をするときに、動きを大きめにしたり、時には四つん這いになって床を水拭きしたりする「家事ロビクス」だって効果大！

体の衰えも防げるし、家もきれいになっていいことずくめです（笑）。

自然は循環しています。そして、人の体も循環しています。

動かさなくなると、循環が滞ります。

すると筋肉や毛細血管や神経組織の細胞の循環も悪くなっていきます。

循環が止まったら、体は動かなくなってしまいますよね。

体をたくさん動かして巡らせて、イキイキ健康長寿を目指しましょう！

認知症を防ぐのにも、「感じること」を！

年齢が上がると「なったら怖いな」と思うことの一つが、認知症ではないでしょうか。

厚生省の研究チームの発表によれば、２０４０年には高齢者の6、7人に１人が認知症になると言われていますが、認知症になると、本人も周りも大変。

だから、認知症予防に何かせねば！　と思いますよね。

実は認知症の予防にも**「感じること」**、さらに**「親しむこと」**が有効なんですよ。

「きくち体操」の創設者の菊池和子さんは、90歳を過ぎても元気に指導をされ、**「体を動かすときにその部分を意識すると、神経を通じて脳を刺激するので、認知症にも良い」**と言っておられます。そしてその通りなんですよ！

例えば、日頃あまり意識をしていない足の指。足の指に意識を向けてみてください。そうするだけでも、脳から、体の末端の指まで電気信号が伝わります。

さらに、足の指をぎゅーっと曲げてみてください。そしてパーッと開いてみてください。意識するだけでも電気信号が行きますが、「動かそう」とすると、さらに新たな電気信号が生まれて、足指を動かすためにその周囲の毛細血管や筋肉にも電気信号が行き、血流や体液の巡りを良くします。そして動かしたことで、足の指からの電気信号が脳に届きます。

つまり体に意識を向けるほど、そして動かすほど、脳に電気信号がたくさん流れて、脳が活性化するのです！

また、足を膝の上にのせて、足の指を一つずつ開き、指の付け根を回してみましょう。

さらに足の指の間に手の指を入れて、握手することはできますか？

日頃動かしていないところをぜひ動かしてみましょう。廃用するのを防ぎ、脳にも効くのです。

そして手と足の握手をしたまま、足首を何回か回してみましょう。

ポイントは**「ゆっくりと、感じながら」**！

ぜひ目をつぶって、動かしているところをしっかりと「感じ」ながら、「体って色々つながってすごいなぁ！」と、体を愛しみながらやってみてください。

そうすると、足首の関節、足から続いているふくらはぎの筋肉も動いていること、膝の関節に響いているのも分かって、体の「つながり」も感じられるでしょう。

そして**「親しむこと」**。親しみを込めて毎日やっていると、指の間が広がり、足首がだんだん動くようになり、「育っている」のが分かるようになります。

そうすると、応えてくれる自分の体が、ますます愛しくなりますよ。

足の指と足首が柔軟なことは、「一生歩ける体」には大事なこと。

動かさないと、動けなくなってしまいます！

そして体の末端や、いつも使っていないところを動かしましょう。

椅子に座っているとき、足の指でグーパーしたり、体をぶるぶると揺さぶってみたり。

私は2、3日に1回、30分くらいの自己流ストレッチをして、体の色々なところを伸ばしています。

伸ばして「痛気持ちいい」と感じるところは、筋肉が縮んでいます。伸ばしてあげると、ゆがみを防げるので、腰痛などの予防にもなりますよ。

体を感じ、親しみ、愛しむことは、体と脳の元気を養うことにもなるのです！

また、脳内科医の加藤俊徳さんは、**「『感謝』と『礼節』と『思いやり』が脳を強くする」**

と言っています。

なぜなら、感謝や思いやりを感じることや表わすことというのは、脳の「理解系」「思考系」「伝達系」など、たくさんの部分を駆使することになるからです。

「同じこと」「自分のこと」だけをやったり考えたりしていたら、脳の同じ部分しか使いません。けれど人と交わることは、脳も心もたくさん使うのですね。

人に優しい気持ちで接することは、相手が喜ぶだけではなく、本人の脳にもものすごく良い効果があるのです。まさに「情けは人の為ならず」。

自分の脳や健康のためにも感謝と思いやりをどんどん示しましょう！

そしてもう一つ、認知症予防におススメなことがあります。

それは、**「お化粧」**。

資生堂の研究によれば、化粧の動作をすることは、容器のキャップを開け閉めすることで握力を、平均3キロある腕の曲げ伸ばしをすることで筋力を、さらに眉毛を描くなどのメーキャップをすることは、とても微妙な力の入れ具合が必要であることから、脳の活性化にも役立つといいます。

それだけでなく、化粧をすることで気持ちが明るくなったり、人と会うときに自信が持てたりと、精神的にも良い効果があります。

もちろん、お化粧をしなくても健康長寿の方はたくさんいますが、スキンケアをするときに自分の顔をやさしく包み込んで自分に声かけをしたり、マッサージをすることで、顔の筋肉やツボ、リンパ腺などを刺激したりすることは、自分を感じ、愛し、さらに脳や体を活性化させる、とてもよいことなんですよね。

自分にもっと触れ、自分の体のすべてを動かし、感じるようにしてみましょう。

それが、自分と親しむためにも、頭のためにも心のためにも良い効果がありますから！

お腹がどんどん引き締まって血管も若返る方法

ちょっと気を緩めていたら、「若い頃に比べて丸くなってきた」と思うことはありませんか？

しかも、女性は閉経をすると、糖の代謝が悪くなるので、さらに脂肪がつきやすくなると栄養士さんが言っていました。

でも、毎日腹筋運動をしなくてもウエストをシェイプさせ、さらに内臓や血管まで元気にしてくれる、というおススメの方法があるんですよ。

それは、**「お腹の絞り込みワーク」**。

お腹がせり出してしまうのは、脂肪のせいだけではなく、腹筋の一つで「自前のコルセット」ともいえる腹横筋が弱ってきたからでもあります。

なので、腹横筋を育てると、お腹が引き締まっていくのです。

息をフーッと吐きながら、**「お腹を絞り込むぅ〜〜〜」**という意識で引っ込めていきましょう。

そのときに、内臓を引き上げるような気持ち、さらに肛門も絞めるような気持ちで、ぷるぷるぷるとするのを感じながら、5〜10秒ほど、できるところまでキープしてから一気に力を緩めます。

そうすると、一気に血液が巡るような感覚がするでしょう。

そのとき、体に何が起こっているかというと、血液の中に「NO（エヌオー）」がたくさん生まれているのです。

「NO」というのは「一酸化窒素」のことで、これが血流に入ると、血管を拡張させて、高血圧や動脈硬化のリスクを下げてくれます。さらに冷え性や肩こり、疲労回復やアンチエイジングにも効くんですよ。

NOの研究は、1998年にノーベル医学・生理学賞を受けています。

NOは、「筋肉を硬直させ、一気に緩める」と発生します。お腹をへこませるだけでなく、手をぎゅーっと握って開くことや、全身の筋肉を思いっきり硬直させて、力を抜く、というのでも良いのです。

「お腹の絞り込みワーク」を、気がついたときに日に何度もやっていると、お腹も引き締まってくるし、姿勢も良くなるし、肛門締めまでプラスしていると、骨盤底筋も鍛えられるので、内臓の下垂や尿漏れも防いでくれるオマケつきです！

さらに血管にも効きますから、体の内側から元気になっていきます。

「お腹の絞り込みワーク」をぜひ日課にしてみてください。
きっと1週間を過ぎたくらいから、変化を感じられると思いますよ！

背筋ピン！　は元気で美しい

縄文人は、竪穴式住居で、胡坐をかいて座っていたと考えられていますが、そのとき、背中を丸めたりせず、スッと背筋を伸ばしていたようです。

背筋を伸ばしていると、頭のてっぺんから「天の気」、尾てい骨の先から「地の気」が通りやすくなる、とも言われています。

だから縄文人は、自然からのメッセージが受け取りやすかったのかもしれませんね。

けれど、スマホやパソコンやテレビを見ているときや、座っているとき、ついつい腹筋を緩めてお腹をくの字に曲げたり、前かがみの姿勢になったりしていませんか？

背中を丸めてうつむいた姿勢というのは、内臓も圧迫されるし、本来5、6キロの頭の重さの3倍も肩にかかるので肩が凝りやすくなるし、胸郭が狭まって呼吸も浅くなるし、何よりも気持ちが縮こまってしまうという、体にも心にも良くないことが起こってしまうのです。そして見た目も、カッコよくないんですよね！

姿勢はとても大事。姿勢に気を付けるだけで、気持ちも明るくなるし、健康にも良いし、直感も冴えるし、見た目も素敵になるという、良いことずくめなんです！

そして、声の通りも良くなりますから、心を込めた、伝わる言葉も出しやすくなります。

うつむいているな、と気がついたら、まず顔を上げましょう。

スマホを見ていたら、スマホを目の前の高さに上げて見るようにするだけでも、頭が軽くなるのを感じるはずです。

そして、「胃と胸を3センチ引き上げる！」という気持ちで背筋を伸ばし、さらにぐいっと胸を張りましょう。もし、「なかなか胸が張れない」と思ったらデコルテのあたりの筋肉が固くなっています。

まず、右手の指をそろえて、鎖骨の真ん中のくぼみの下に当てて、左側の鎖骨の下を、痛気持ちがいい力加減で肩先のほうに向かって、こするようにしてほぐしましょう。

腕のきわまで来たら、そこもよくほぐしてください。きっと気持ちが良いはずです。

さらに、わきの下に手の平を入れて、つかむようにほぐしてください。逆側も同じようにしましょう。それだけで、肩周りの血流が良くなるので、肩もラクになるはずですよ。

そうしたら、後ろで手を組んで、肩甲骨をグッと寄せて、ゆるめるというのをやってみましょう。「天使の羽根」とも呼ばれる、肩甲骨を大きく動かしてあげましょう。

後ろ手が組めなかったら、両肘を曲げて後ろに引くようにして肩甲骨をグッと寄せて、ゆるめます。

これを一日に何度か続けていると、胸が開いて背筋が伸びるので、呼吸もラクになるし、肩こりもしにくくなるし、頭もスッキリとします。

内臓も圧迫されないし、腰椎や骨盤もゆがまないので、内臓の不調や、骨盤のゆがみからくる痛みも防げますよ

さらに背中の贅肉も落ちていくし、胃を引き上げる意識をすると自然と腹筋も使うので、ウェストのシェイプアップも見込めます！

日常的に、**「頭のてっぺんを天に向ける」**と意識するだけでも姿勢が整います。

姿勢が悪くなるのは、腹筋や背筋にラクをさせているからなのですが、そうすると体も心も弱ってしまいます。けれど縄文人のように背筋をピッと伸ばすと、体や心にも効くだけでなく、天の気と地の気を自分の中に引き入れやすくもなるでしょう。

さらに「天使の羽根」が羽ばたきやすくなりますので、やりたいことに向かって進みやすくなったり、やる気がわいたりしますよ。何よりも背筋がピン！　としている人はシャンとして素敵に見えますから、やらない手はありません！

健康で、はつらつとして、何でも楽しめる自分でいるためにも、「背筋ピン！」をいつも心がけましょう！

96歳で死ぬ前日まで元気だった秘訣は？

私が「こうありたい」と思っている人がいます。

それは、伯母（伯父のお嫁さん）の母であるおばあちゃん。

何度もお会いしたり、一緒に旅行をしたりと親しくしていたのですが、96歳で亡くなるその前日まで、元気で一人暮らしをしていたのです。まさにピンピンコロリ。

自転車で買い物に行き、趣味はお寺巡り。自転車に乗ると太ももの筋肉が衰えませんし、お寺巡りもたくさん歩くことになります。

また、一人暮らしですので、料理や掃除も自分でやります。料理は、献立や手順を考え、材料を買いに行ってと頭も体も使うので、脳に効くのですよね。認知症とも無縁でした。

亡くなる前日まで、行きたいところに行き、食べたいものを食べ、やりたいことを全部自分でできたのですから、まさに理想です！

おばあちゃんは、感謝の人でした。

一緒に出かけると、「こんなところに連れてきてもらえて、ありがたい」「こんな美味しいものを食べられて、ありがたい」と言うのが口癖。

いつも周りの人や、そうなる巡り合わせをしてくれた神仏に感謝していました。

だから一緒にいると感謝され、喜ばれるので、嬉しくてもっと何かやってあげたいと思います。きっと神仏も同じように思って、ご加護を与えていたのではないかと思うのです。

そのおばあちゃんの娘である伯母も素敵な人で、伯母はまさに「循環」の人。

子供の頃から、周りの人にやってあげることが好きで、80歳を過ぎた今も、手帳には知り合いの誕生日や命日がびっしりと書き込まれ、その日には本人や家族に電話をしたり、品物を送ったりしています。

するとそのお返しをもらうことも多いのですが、お菓子などは食べきれないので、周りの人に差し上げます。するとそれでまた何かが返ってきて……と、伯母の家にはいつも美味しいものがたくさん巡ってきています。

また、時間があれば、せっせと編み物の手を動かし、ネックウォーマーや手袋などを編んでは、プレゼントしています。

伯母は「いつも大事なときにすごく運がよかった」と言うのですが、それは、「自分だけ良ければ」とため込むことをせず、どんどん循環させることで、「徳」を積んでいたからではないかと思うのです。

「たくさん感謝する」「よく動き、循環させる」。

そうすればそうするほど、感謝や幸せや徳の循環が起こるのを、伯母たちを見て実感しています。

だからきっと、これは縄文の頃から続いている、幸せに生きるために大事なことなのでしょうね！

この体で死ぬまで生きていく

私たちがこの世にいられるのは、この体があるからこそ。
体が使えなくなったら、どんなにいたくても、この世にいることはできません。
時には、人のために、自分にガマンや無理を強いることがあるでしょう。
「自分の体なんだから」と雑に扱ってしまうこともあるかもしれません。
けれどこの体は、代わりがないのです。
この体で、死ぬまで生きていくのです。
体は「自分だけのもの」ではないと私は思っています。
自分の体は、「宇宙そのもの」ともいえる「見えない大いなる力」が一時的にこの形をとり、それに「自分の意識」が乗ることを許されているもの。

何億、何兆円を出したって、作ることも買うこともできない、五感を味わえて軽いけがなら自動修復して、行きたいところに行けて望みも叶えられる、精密でものすごい機能が付いた乗り物です。

これを「好きに使える」ということだけでも、私たちはすでにどれだけラッキーな大富豪なのか！

それを思い出して、誰よりも何よりも、自分の体を大切にしましょう。

だんだん痛いところや衰えたところも出てきます。でも、それも自分。それにほかのところは、ありがたいことに動いてくれているんですよね。

体の声を聞いて、体に必要なことをやってあげましょう。

もっともっと、感じましょう。愛でましょう。親しみましょう。楽しみましょう。

この体を大事に使って、生きる喜びを味わい尽くしましょう！

心豊かで幸せが渦巻く世界で自分を生きよう

「ある」をたくさん感じましょう

私が「縄文感性」と思っている、**「感じること」「愛でること」「親しむこと」「楽しむこと」**。

これらを毎日の中で意識的にするようになると、今まで「当たり前」と思っていたことが、「味わい深いなぁ」と気づいたり、「素敵だな」と良さが分かったり、交流することで発見があったりして、変わってくるようになるでしょう。

私も、「枯れないように」というくらいの気持ちで家の植物に水やりをやっていたのから、「今日もきれいねぇ」「よく茂ってくれてありがとうね」と声かけをするようになったら、水やりタイムが「おしゃべりタイム」や「交流タイム」となって、楽しみになりました。

自分の体を愛でていると、五感で味わえることのすばらしさをしみじみと実感して、「自分、すごいじゃない！」というありがたい気持ちがこみ上げることもあります。

縄文感性でいると、刺激的な楽しみを求めなくても、道端の草木や、自分の体が愛しくなって、「癒される〜！」「満たされる〜！」と感じ、「ない」と思っていたけれど、実はすでに、たくさんの「ある」に囲まれていたと気づくことができるんですね。


ニュースを見ると不安をかき立てられたり、ふと「そういえば……」と不満を思い出したりすることもあるでしょう。

けれど、それは、左脳が「今ここ」に戻らせないために、思考を巡らせ、感情を動かすホルモンを出しているために起こっていること。

それに踊らされて、「今は何も行動できないこと」や「起こるかどうか分からないこと」のためにエネルギーを消耗していたら、自分がもったいない！

思考をいったんストップして、お腹が満たされ、心地よい空調の中にいる「今」に戻りましょう。そして、自分や人を喜ばせることのためにエネルギーを使いましょう！

縄文の頃は、乳幼児死亡率が高く、出産も命がけでしたから、平均寿命は20代とも30代とも言われています。50代の遺骨も見つかっていますが、例外的。

けれど今は「人生１００年時代」とも言われ、90歳を過ぎる方も多くなってきました。

せっかく長く、しかも科学の発達によって、快適な環境を整えて暮らせるのです。

そして、自由にどこにでも行けて、やりたいこともできる時代を選んで生まれてきたのです。

それなのに思考に支配されて、不安や不満を持ちながら生きていたらもったいない！

「死の瞬間」を思ってみましょう。

人が、死の間際に後悔するのは、「やったこと」ではなく、**「やらなかったこと」**。

そして、**「思いや愛情を伝えなかったこと」**。

さらに、**「自分をもっと大事にしなかったこと」**だといいます。

縄文感性の「愛でる」こと、「親しむ」こと。

きっとそれを、自分に対しても人に対してもやっていくことが、後悔のない人生になるのでしょう。

そして、「やりたい」と心が欲して感じることを、気づかないふりをせずに、やってあげること。

それを目いっぱい感じ、味わい、楽しみ尽くすことが、宇宙の一部としてこの体を使っている真の意味でもあります。

自分の命を思いっきり生きるために、あなたはこれから、どう生きますか？

自分の命を思いっきり生きるために

自分の生きる「使命」みたいなものが分かれば、それのために打ち込み、やりがいを感じ、人からも喜ばれて、すごく充実した人生になるんじゃないか。

そう思うこともあるでしょう。

でも、「得意なこともないし」「自分にできることなんて」と思って、なんとなく毎日、生活のために必要なことをこなしているうちに終わってしまう……と思っている方も多いのではないでしょうか。

でも私は、「使命」というのは、「世の中を変える！」というようなすごく大きいことではなくて、「命を使うこと」だと思っているのです。

つまり、**「生きて、感じて、行動すること」**。

体で色々な経験をしていたら、すでに誰もが「使命」を果たしているのです。


でもそれでは「当たり前」すぎるし、充実感もない、と思うかもしれません。

だからこそやっていただきたいのが、「命」がもっているすごい機能、**「五感を味わうこと」を、より丁寧にすること**なのです。

気持ちがうつうつとしているときというのは、感じる力が鈍っているんです。

そしてネット情報ばかりを追って頭をいっぱいにしたり、お酒などに依存したり、視野が狭くなって「どうにもできない」と後ろ向きなことばかり考えたりしています。

うつを治す方法に、「太陽の下で散歩」とか「アニマルセラピー」とかもありますよね。

つまり、視覚や聴覚や触覚をたくさん刺激することが効果があるのです。なので、**「五感」をもっと意識して使うことは、「生きる根源的な力」を強めることにもなる**と言えるでしょう。

もっとじっくりと味わって、もっとよく空や風景を見て、もっと何度も自分の肌に触れる。それだけでも、**「自分が体験できていることってスゴイし、楽しい、愛しい」**と思えて、自分の命が嬉しくなってくるでしょう。

逆に五感を鈍らせれば鈍らせるほど、生きるのもつまらなくなってしまいます。

だからこそ、五感をもっともっと意識しましょう！

さらに「やりがい」を持ちたいと思ったら、まずは**「周りを喜ばせること」**から始めてみましょう。

「自分を使って、他者にポジティブなことをする」というのは、たくさんの感覚を使うし、自己肯定感も強めます。

スゴいことでなくてもいいのです。

友人のＳＮＳの投稿に、ポジティブなコメントを入れたら、「よし！」。

お掃除の方に、「いつもありがとうございます」と言ったら、「よし！」。

自分のＳＮＳやブログに、お役立ち情報や、クスっと笑えることを書いたら、「よし！」。

「一日一善」ならぬ「一日一喜」。

もちろん、何度でもしていいんですよ。

そしてやったら、**「今日はイイことした〜！」と自分を褒めましょう**。

これも、自分の命を使ったことですから。

そういったことが高じて、人と会うのが楽しければイベントを企画したり、オンラインサロンを作って仲間と一緒に何かをしたりしたら、さらに楽しくなるでしょう。

ただ、**注意しておきたいのは、「人のためにやり【たい】」ではなく、「人のためにやら【なきゃ】」と思ってしまうこと**。

それは、「そうしないと評価されない」「いいことが起こらない」というような怖れが動機のこともあるし、犠牲的な気持ちだとつらくなってしまいます。

ぜひ、**「楽しいからやる」**、**「大変なこともあるけれど、やりたい！」**という気持ちでやってみてください！

また、やったことを、メモ帳やスマホに書いておくのもおススメです。

それを寝る前に見て、「今日はこれをしたな」と温かい気持ちになったり、落ち込んだときに見返して、「こういうことを自分はやったんだ！」と思い出したりすると、気分も良いし、達成感もあります。

もちろん、「これをぜひやりたい。このために自分を使いたい！」というものが見つかったら、使いまくってください！

私は、「自分を世界一幸せにする」、略して**「せかしあ」**ということをずっと勧めてきました。まずは自分を満たさないと、周りに何かできる余裕が生まれないからです。

だから、自分の体を労わり、心を尊重し、願いを叶えてあげること。

特に人のために自分を犠牲にしがちな方は、これをシッカリすることが基本です。

でも、それができてくると、だんだん「もの足りない」と言う方が増えてくるのです。

人というのは、自分一人だけを幸せにしようとしても、だんだん空しさを感じるようなのですね。

それはきっと、**自分を動かし、ほかの人やほかの生き物やあらゆるものにも入っている「見えない大いなる力」は、「すべてのものがイキイキと幸せになること」を望んでいるからではないかと思うのです。**

だから誰かを喜ばせられるとこんなにも嬉しいし、うまくいかないと悲しくなってしまうのでしょう。

自分一人のためだったらできないことも、家族や大切な人のためだったらできてしまうこともありますよね。

誰かのため、何かのために自分の命を使うと、やりがいや生きがいや充実感や自己有用感がより一層高まって、自己肯定感も強くなります。

だから、**自分を「せかしあ」するためにも、「周りを喜ばせること」にも命を使っていきましょう！**

自分の「やりたい」を拾い上げよう

死ぬときに後悔することの一つが、「やったこと」ではなく、「やらなかったこと」といいます。

ですから、生きることを充実させるためにもぜひ、自分の「やりたい」をしっかり叶えてあげてください。

例えば、ドラマを見ていたら、登場人物が美味しそうにお団子を食べていたとします。「自分も食べたい！」と思ったら、「食べたい！……だけど」と、作るのも買いに行くのも面倒でやめてしまうか、「白玉粉がある。よーし」と作ってみるか。

こんな小さなことでも、**「やりたいことを叶える」**というのはすごく魂が喜ぶことなんです。なぜなら、それは「望みのために自分の命を使うこと」だし、「叶ったら嬉しい」し、「達成感や充実感もあること」だから。

やりたくないことのために自分を使うのは苦痛ですが、やりたいことのために自分を使うのは楽しみじゃないですか。

けれど、心に望みが浮かんでも、「面倒くさい」「お金がない」「時間がない」「才能や自信がない」と、理由を作って打ち消してしまうことも多いんですよね。

それは、「それほどの意欲がなかった」からかもしれませんが、長年育てた左脳の働きで、「どうせムリ」と諦めることが身についていたせいかもしれません。

でも、**人に色々な能力があるのも、「やりたい気持ち」が湧くのも、それは魂が、ひいては自分を動かす「大いなる力」が経験したいと望んでいるから。**

打ち消す思考を鎮めて、**「やってみたっていいじゃないか」**と心に湧いた望みを、小さなことから叶える習慣をつけていきましょう。

「こっちの道にしようかな」と浮かんだら、「遠回りだし」という声が聞こえても、最初の「やりたい」を叶える。

お昼は「カレーうどん」と浮かんだら、Aランチのほうが値段が安くても、カレーうどんにする。

そうして小さな望みを叶えていくと、だんだん大きな望みも「やろう」とするようになり、「望みは叶えるものだ」と思うようになってきます。

そうして、望みを叶えるのが得意になってきたら……。

「これはぜひやりたい！」と思っていたことを思い出してみましょう。

自力で空を飛べる、スカイダイビング。「いつかやってみたい!!」と思っていたなら、今、電話をしてみる。

天と地が一緒になったようなウユニ塩湖に、以前テレビで見て、「すごく素敵。行ってみたい！」と思ったけれど、「でも遠いし、お金がかかるし」と諦めたのなら、もう一度ツアーを探してみる。

またいつ、コロナのようなことが起こって、出かけられないことが起こるかも分からないのです。**「やりたいことは前倒し！」**ですよ。

そうして前倒しでやっていると、また新たにやりたいことができます。そしてそれを叶えていたら、毎日がやりたいことを叶えることの連続になり、縄文感覚の「楽しむ」を実践する毎日になっているでしょう。

さらに、「やりたい」を続けていると意外なご縁に導かれて、一生の仕事や趣味、人とのつながりができることだってあります。

あなたは、自分の「やりたい」を毎日実践していますか？

あなたの「これはぜひやりたい！」ということは何ですか？

動かしてこその体。そして命！

「やりたい」「でも」でなく、**「やりたい」「だから」で、自分の運命も動かしていきましょう！**

いつも穏やかな幸せを感じるには

「幸せとは、ホッとリラックスして、安心して満たされている状態のこと」と初めに書きましたが、「目の前」に困ったことがないのに、心がザワザワしたり、不安になったりすることもありますよね。

それが「考えることで行動できること」や「これからの対策」ならばいいのですが、ずっと昔のことで、今はどうにもできないのに頭に浮かんでしまうことや、もう亡くなっていて、二度と会わない人のことなのに思い出していることもあるでしょう。

「ストップ！」と、思わないようにしても頭に浮かぶし、あるクライアントさんは、静かにしていると思い出してしまうから、家族がいない日中は、ずっとテレビをつけて、それに意識を向けるようにしている、と言っていました。

けれどそうしている間中、「自分」と離れてしまっているんですよね！

ですから、そういうときは、ぜひ「手放しワーク」（P126）をして自分の怖れを手放してみてください。

「太陽」のイメージがピンとこない場合は、自分が好きなもの、例えば「観音様」や「天使」が運び去ってくれる、というのでもいいですよ。

それによって、「今生では許せないと思っていた、亡くなった父への思いがこれでスッキリしました！」という方もいらっしゃいました。

「自分はどうせ」というイヤな感情を伴う思考や、後悔や不安といった今は行動することができない思考、「こう言ったらこう言われるかも」という望まない予想をする思考などの「自分がリラックスできない思考」というのは、左脳が引き起こしているもので、「今の現実」ではなんですよね。

ですから、そういうものが出てきたら「ストップ！」。
それでも止まらなかったら、体を動かして、右脳とつながった「今」の体感に意識を向けましょう。

ベトナムの禅僧であるティック・ナット・ハン氏は、

「息を吸って　私はしずか
息を吐いて　私は微笑む
この今に生きることこそが
わたしには素晴らしいひととき」

と言っておられましたが、息を吸うこと、吐くこと、微笑むことに意識を向けると、今ここの「自分の体」に戻ってこられます。
通勤や買い物などで外を歩くとき、思考で頭をいっぱいにする代わりに、「呼吸」する自分の体や、目に映るもの、聞こえるもの、匂うもの、そういったものを感じてみてください。

そうしていると、「あ、あんなところにこんなのが」と今まで目に入らなかったものに気づいたり、ちょっと入り口がクッキリと見える気がするお店に入ってみたら、「探していたものが見つかった！」なんてことがあったりするんですよ。

ムダに巡らせていた思考を鎮めて、自分に戻り、感じてみましょう。

縄文の人は、今のように文字やデジタルで入ってくる情報もなく、周りにいる人の数も圧倒的に少なかったので、左脳的な思考は今よりも少なかったでしょう。だから左脳的な喜びが少ない代わりに、左脳的な不安も少なかったと思うのです。

そしてそのぶん、直感的に必要なことに気が付き、自分に問いかけをすることで、「こういうことかな？」という「大いなる力」から浮かんでくる言葉をキャッチできたのでしょう。

ちなみに「浮かんだ言葉」が、自分を責めたり罰したりするようなものだったら、それはほとんどが直感的なものではなく、左脳的な思考です。

また、儲け話がやってきたときに、「これは、やれってことだ！」と思うこともありますが、それも「得したい」という左脳的な思考から来ている場合もあります。

このあたりが難しいのですが、バロメーターとしては、「自分がシュン」としてしまうようなものや、「やらなきゃ（損してしまう）」というような怖れや焦りが動機のものは、「違う」と思っておいてください。

なんだかやりたい。損してもやりたい。なんとなくホッとする。「ああ、そうかも」と腹落ちする。そういったものが、直感からくる声です。

時間がないけれど、やったほうがいいか、やめようか。という時など、自分の中に問いかけて、「……やっちゃおうか（わくわく）」と上がってきたら、思い切ってやってみる。するとと時間内に間に合ったりして、「便利だ！」と思いますよ（笑）。

寝るときにもアレコレ思考が巡り始めたら「出てきたな、ストップ！」と止め、「あー、手が温かくなってきた」と体に意識を向けると、寝つきも良くなります。

決めるのは「自分の意識」で、「データをくれるのは左脳」で、「今と体を楽しんで大いなる力とつながっているのが右脳」。私はそんなふうにとらえています。

縄文の頃から続く、もっともプリミティブな「生きること」というのは、「食べる」「眠

る」「愛する」！（笑）

ゴチャゴチャ考えて、左脳からくるデータや感情に振り回されるのを「やめる」と決めて、目の前のことを味わい尽くしましょう。

それだけで、毎日がとっても穏やかで幸せになりますよ！

「自分を生きて」いきましょう！

「感じること」に敏感になって、怖れを手放していって、「やりたい」に素直になっていると、面白いことが起こり始めます。

それは**「つながること」**。

「これに参加しようかな」と思ったら、そこで新たに興味がわくことを知ったり、気が合う人と出会ったり、それでまた新たな「やりたい」が見つかったり、ご縁が広がったり。

そして更なる「やりたい」をしたり、「頼まれごと」をしたりしていると、「アレ？」と思うところに行っていたりもするのです。

私が４冊目の本を出したときもそうでした。

当時、ブログで色々な方をご紹介するのが楽しくて「やりたい」と思ってやっていたら、「この本を紹介してくれませんか？」と、ある出版社の編集者さんに頼まれたのです。

快く紹介したら、それがご縁となって、ボツになった原稿を拾い上げていただき、『運のいい女になれる１０１の習慣』（ＫＡＤＯＫＡＷＡ）という本にしていただきました。

そしてさらに数年後、文庫化をする際に『幸運が舞い込むプリンセスルール』という本に改稿したら、９万部のベストセラーになったのです！

そのおかげで、セミナーを色々な場所で開くようになったり、イベントに声をかけていただいたりと、たくさんの方とご縁がつながり、助けられ、思いもかけない世界が広がっていきました。


あなたは、どう**「自分を生きていきたい」**と思っていますか？

「大変なことがあっても幸せでありたい」とか、

「自分の能力を使い倒したい」とか、

「人に貢献したい」とか、

「いじめや悲しみをなくしたい」とか、
色々なことが出てくると思います。

そうやって自分の指針をハッキリさせておくと、そうなるように動きだします。

自分の人生のかじ取りをするのは、「自分の意識」です。

左脳は、それを他とうまく折衝するためのサポートをし、右脳は「大いなる力」とつながってサポートしてくれます。

私は4冊目の本を出す頃から、**「自分も周りも幸せになるように、私を使ってください」**という思いを天に投げかけていました。

「幸せでありたい」「自分を使ってほしい」「そういう形で自分を生きていきたい」

そう意図していたのです。

すると、本がさらに出、仕事の幅が広がり、遅い結婚も叶い、がんになったおかげでたくさんの気づきを得、さらにその経験を周りに伝えることで役立てていただき、「自分も周りも幸せになる」……という、願った通りの経験をするようになっています。

自分が意図していなくても、振り返ってみたら「こうなるように動かされていたなぁ」と思うこともあるかもしれません。それもまた楽しです！

つながるご縁を楽しみながら、「自分を生きて」いきましょう！

心豊かに、いつも幸せでいるために

この本の原稿を書いているとき、長野県の茅野市にある、尖石（とがりいし）遺跡と尖石縄文考古館と与助尾根遺跡を訪れました。

茅野市や八ヶ岳周辺は、今から5千年ほど前の縄文中期には、日本列島屈指の人口密集地帯で、「日本の首都」のような地域だったと言われています。

なので縄文遺跡も多く、出土品の展示や竪穴式住居の復元などを見ることができるのですね。

何千年も前の人たちが確かにこの地に生きて、土器や土偶を作り、服を仕立て家を建て、生き物を狩り、食べ物を作り、力を合わせて生きていた。

竪穴式住居に入ると、5人くらいが横になったらいっぱいになる大きさでしょうか。

昼間だと出入り口だけが明るく、暗くてしんとしています。

その中で、人々が泣いて笑って、食べて寝て、確かに生きていた。

そしてその遺伝子が、この自分の体にも受け継がれているのだと思うと、細胞がぷつぷつと喜んでいるような不思議な感覚が止まりませんでした。

縄文時代にはお金がなかったです。

でも、死ぬときまで食べられて、屋根のあるところで眠って、家族や村人と支え合って暮らすことができました。

また、縄文人が生活に必要なものを作るのに使っていた時間は、4時間程度とも言われています。だからきっと、自分のしたいこともたくさんしていたと思うのです。

尖石縄文考古館には、「下手な土器」も展示されていましたが、土器製作のスキルアップを楽しみながら励んでいた人たちもいたことでしょう。

天災に獣に病に出産にと、命の危険にさらされる度合いは、今とは比べ物になりません。

けれど、だからこそ、縄文人は目の前にいる人を大切にして、自分の命が尽きるときまで、命を思いっきり使って生きていたのだと思います。

これから、経済不安や流行病や災害や、はたまた「未知との遭遇」など、どんなことが起こるか分かりません。

けれど、今生きている私たちは、大災害や飢饉や疫病といった過去のあらゆる苦難を乗り越えて生き延びてきた最強の運と遺伝子を持っています。

トラブルだって、ただ翻弄されるだけでなく、「エンタメだ！」ととらえることだってできるのです。

「不幸」と思っていたことも、見方を変えるだけで、「気のせいかも」と思えるようにもなるでしょう。

日頃、どことなく不安で、不満なこともあるもの。

でも「感じる」ということをしてみると、「ない」と思っていたけれど、自分はすごくたくさんのことを感じ取れる体を持ち、身の回りには素敵なものがあることに気づくはずです。

道端の草木や、自分の体を愛でていると、いとしさがこみ上げることもあるでしょう。物言わぬものにも話しかけてみると、返ってくる返事を感じ取ることができて、親しみが深まるかもしれません。

今、この瞬間にも、たくさんのことが降り注いでいる。

それに気づき、感じることができたら、目に見えるものが変わってくるでしょう。

「昨日と同じ、変わらぬ日常」であっても、縄文感性の「感じる」「愛でる」「親しむ」「楽しむ」を使ってみることで、実は自分がすごく豊かに受け取っていることが分かって、安らいで満たされた気分になることを、ぜひ感じていただきたいのです。

たくさん受け取っているのに「ない」と思っていたら、この先もきっと、「ない」という不満と不安をいつも持つことになるはずです。

けれど、小さなことでも「ある」と喜んで満たされていたら、この先に何かが起こっても、きっと「ある」という喜びと豊かさを感じることができます。

「自分に起こることは最善と思い、何がなくてもどんな状況でも楽しむ」

そう思って、どんなところにも楽しみを見つけるつもりでいたら、これから先何が起こっても、きっと対処できるでしょう。

だから、不安を感じる代わりに、喜びと豊かさを感じる時間をもっともっと多くしていきましょう。

そうすることが、「思ったことが、自分の見る現実になる」という法則によって、「豊かな未来」をつくることにもなります。

そして、さらに豊かになりたければ、思い出していただきたいことがあります。

それは**「感謝」**と**「循環」**。

「ない」と思っていると、「もっと欲しい」と思うし、何かしてもらっても「まだ足りない」と満足することも感謝することもできないもの。

けれど、小さなことでも「当たり前じゃないんだな」と気づくと、小さなことにも「ありがたいな、嬉しいな」と思えます。そしてその感謝の気持ちを「伝えること」を惜しまなければ、感謝と喜びの循環を始めることができます。

自分の伝えた「ありがとう」「素敵ですね」「いつもお疲れ様です」という言葉や、ちょっとした手助け、心ばかりのできること。

それは、自分とその人との間の循環ではなく、相手が別の人に、そして別の人がまた別の人に……という、大きな循環の始まりにもなります。

「やってもらいたいから、やらなきゃ」という「ない」という怖れからではなく、「受け取って豊かだから、やりたい」という「ある」という喜びからの行為は、喜びの循環の始まりです。

ほんの小さなことでも、自分から循環を始めたら、いつか何かの形で受け取ることになって、また嬉しく、楽しくなることでしょう。

そして「バタフライエフェクト」（わずかな変化が、大きな変化を起こす）という現象があるように、その循環の連鎖は、自分の周りから日本に、さらに世界に広がっていって、世界を変えることだってありえるのです！

自分の体は、地球の循環の中の一部。

そして私たちは、宇宙が「私」という形をとって、さまざまな経験をするために存在しているもの。

縄文感性を思い出して、もっと感じて、愛でて、親しんで、楽しみ尽くしましょう。

自分の心と体を尊重し、大切にして、とことん愛して、この世界の中で、自分を思いっきり使っていきましょう。

自分からたくさんの循環を作って、豊かな喜びを受け取りましょう。

そのために私たちはこの世界に生まれたのですから！

おわりに

「不幸だなんて、気のせいだよ」

そんなことはとても思えない！　と考えていた方も、この本を読んで、縄文感性の豊かさを知っていただいたら、きっと「なるほど、不幸だけではないな」と思うようになってくださったのではないでしょうか。

「幸せ」という、とらえどころがないものを探求し続けて20年以上。

人の心や脳科学への関心が高まるほど、自分の心も体も起こることも、「自分の思いひとつなのだな」という思いは深まっていくばかりです。

そして弥生時代から現代の間の、6倍もの長い期間である縄文時代を過ごしてきた日本人のDNAには、間違いなく「縄文感性」が息づいています。

それを、この左脳偏重の今に思い出すのは、自分の根源的な喜びや幸せを復活させることになると思っていたことを、本としてお届けできるのは本当にありがたいことです。

ただ、「知識」としているだけでは、なかなか実生活には反映できないもの。

ですので、ぜひこの本を何度も開いたり、私のやっている「幸せな生活術＋研究所」にもお越しいただいたりして、「日々に幸せな感性を取り入れること」で、あなたの毎日と未来を、あたたかい喜びと幸せに満たされたものにするようご活用くださったら、とても嬉しく思います。

私のライフワークである「幸せ」に、縄文の視点を入れることを提案してくださった、かざひの文庫の磐﨑文彰社長、「縄文脳」について貴重な示唆をくださった篠浦伸禎先生、気づきと応援をいただいた『三日月の輪舞曲』の著者の鈴木幸一さんと仲間の皆さん、「幸せな生活術＋研究所」の所員さん、ブログやメルマガの読者さん、そして私を支えてくれる家族に心から感謝いたします。

そしてこの本を手に取ってくださったあなたへ。

縄文感性と幸せな生活術で、あなたの毎日が不安でなく安心に、不幸でなく幸せになり、心豊かで喜びに満ちたものとなりますよう、心より祈念しております。

感謝を込めまして　恒吉彩矢子

恒吉彩矢子　プロフィール

ハッピーライフ・コンサルタント。

「幸せな生活術＋研究所」所長。

東京女子大学を卒業後、OL時代にパワハラで悩んだことをきっかけに、アロマセラピー、整体、心理学、カウンセリング等を学び、2001年から開業して、のべ5000名以上に施術やセッションを行っている。さらに、「幸せ」について探求し、幸せになれない原因を解きほぐし、日常を心地よい方向に変えていく方法を伝えるべく2004年から本を出版し、既刊は23冊。「誰もがもっと幸せに自分を生きていい！」がモットーで、ブログや書籍、講演などを通じ、「自分らしく幸せに、喜びをもって生きる」ためのメッセージを発信している。2024年から「幸せな生活術+研究所」を始め、「幸せ」のすそ野をさらに広げるべく活動中。

「公式ホームページ」https://tsukiten.net/

「幸せな生活術＋研究所」https://yoor.jp/door/shiawase

不幸《ふこう》だなんて、気《き》のせいだよ。

～不安《ふあん》が安心《あんしん》に変《か》わる幸《しあわ》せな「縄文感性《じょうもんかんせい》」生活術《せいかつじゅつ》～

恒吉《つねよし》彩《あ》矢《や》子《こ》 著

2024年10月29日　初版発行

発行者　磐崎文彰
発行所　株式会社 かざひの文庫
〒110-0002
東京都台東区上野桜木2-16-21
電話／FAX　03（6322）3231
e-mail　company@kazahinobunko.com
http://www.kazahinobunko.com

発売元　太陽出版
〒113-0033
東京都文京区本郷3-43-8-101
電話　03（3814）0471
FAX　03（3814）2366
e-mail　info@taiyoshuppan.net
http://www.taiyoshuppan.net

印刷・製本　モリモト印刷

装丁　濱中幸子（濱中プロダクション）
DTP　KM-Factory

ISBN978-4-86723-179-1